GOURMET
PARA TODOS LOS DÍAS

GOURMET
PARA TODOS LOS DÍAS

Chef Maira Isabel

recetas sabrosas, fáciles de preparar y muy versátiles

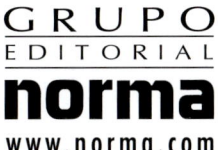

GRUPO EDITORIAL
norma
www.norma.com

Bogotá, Barcelona, Buenos Aires, Caracas, Guatemala,
Lima, México, Panamá, Quito, San José, San Juan,
Santiago de Chile, Santo Domingo.

Copyright © 2007
Editorial Norma S.A.
Apartado 195040, San Juan, Puerto Rico 00919-5040
Carr. 869 km 1.5
Royal Industrial Park, Bo. Palmas
Cataño, Puerto Rico
Teléfono: (787) 788-5050 - Fax (787) 788-7161
Prohibida la reproducción total o parcial de este libro,
por cualquier medio, sin permiso escrito de la Editorial.
Impreso por: Imprelibros S.A.
Impreso en Colombia - Printed in Colombia
Marzo 2007

Dirección editorial y concepto creativo: Gizelle F. Borrero
Corrección de pruebas: Maira Barbará
Copiedición: Gisel Laracuente Lugo
Diagramación, diseño de cubierta y páginas interiores: José C. Mateo Maldonado
Armada electrónica: Carmen Torres Santiago
Colaboración artística: Carlos López Angleró
Fotografías de la autora: Luis Vélez
Fotografías de comidas y *food styling:* Maira Isabel Morales
Asistente de fotografía: Lorikay Morales
Vestidos de noche: Carlos Alberto
Maquilladora: Caridad Vidró

C.C. 19895
ISBN: 978-958-04-9954-1

A Tatiana Pérez y Sara Arroyo

Por creer en mí desde el primer momento.

Sin aquel "break" nada de esto hubiera ocurrido...

Gracias mil, se les quiere y recuerda siempre...

Carta a ti lector:

Hola y gracias por comprar este libro. Para mí es un honor el poder ser parte de la aventura que estás a punto de empezar. Cocinar es uno de esos placeres maravillosos que todos debemos experimentar en algún momento de nuestras vidas...

Este libro, recoge mis recetas favoritas; aquellas que tienen un significado para mí, ya sea porque las hice para una ocasión especial o porque sencillamente ¡me encantan! Este es uno de esos sueños que yo tenía y que hoy, finalmente, veo materializado.

Hacer este libro ha sido un proceso interesante y sorpresivo. He aprendido mucho de mí y de lo que quiero que te lleves de quien soy. Aquí se queda plasmado un pedacito de mí. Aquí está parte de mi historia.

Una vez oí –y soy fiel creyente– de que la vida no es sólo unos días tras otros; sino momentos que se quedan en el tiempo. Este libro es uno de esos momentos... Me encanta que tú seas parte de él.

Mi idea siempre fue hacer un libro de cocina para el que no cocina; ya sea por falta de tiempo o porque sencillamente no le gusta... Algo un poquito difícil, pero no imposible. Por lo tanto, es un libro dinámico, sencillo, lleno de vida y ¡muy yo! Es un libro para que lo disfrutes, aprendas a cocinar y, de paso, te sorprendas de cuán maravillosa es tu comida.

Te invito a que hagas al menos una receta distinta cada día. Que invites a tus amigos y familiares a una cena donde seas chef de la ocasión. Que pongas música, te tomes una copita de champagne, que te dejes llevar y seducir a esa dimensión tan maravillosa que es cocinar. Te invito a que te des la oportunidad de descubrir este mundo tan fabuloso...

Te invito a que te pierdas conmigo en mi universo...

Espero que disfrutes de este pedacito de mí, que hoy tienes en tus manos.

Muchos cariños y lo mejor para ti siempre,

Maira Isabel

Cómo usar este libro

Bueno, ya tienes el libro; ¡ahora a usarlo y usarlo! La idea es facilitarte la vida lo más posible, no complicártela. Todas las recetas tienen:

Tiempos de preparación – Cada receta dice el tiempo aproximado que te puede tomar cada una, tanto a nivel de preparación como de cocción.

Tiempo de cocción – El tiempo que toma cocinar la receta.

Cantidades de ingredientes y rendimiento de las recetas – Son todas aproximadas. Esto no aplica a las recetas de postres. De todos modos, te lo recuerdo en las recetas.

Ingredientes – En la mayoría de los casos puedes sustituir ingredientes de acuerdo a lo que tengas y lo que te guste. Esto es especialmente cierto en los platos de aperitivos, platos principales y acompañantes, y excluye a los postres.

> *Proteínas* – Si tienes carne y la receta es de pollo, puedes sustituir la carne por el pollo.
>
> *Hierbas* – Si la receta lleva perejil y lo que tienes es cilantrillo, sencillamente usa el cilantrillo. Lo mejor que puede pasar es que la receta tenga un toquecito criollo que a mí en lo personal me encanta.
>
> *Almidones* – Si la receta es de papas y lo que tienes es pasta, usa la pasta para una receta totalmente diferente pero igual de fabulosa.

Contenido

10  Postres

 Mariscos 38

68  Carnes

enido

Acompañantes 98

120 *Sopas*

142 *Aperitivos*

170 *Cositas extras*

pos

Postres

capítulo 1

Postres

Baklava 14

Bizcocho de Chocolate
sin Harina 16

Brownies 18

Cheesecake Estilo New York 19

Cheesecake de Galletitas de
Chocolate Rellenas de Vainilla 20

Chinas (Naranjas) en Sirope 22

Churros 24

Coquitos 26

Crème Brûlée 28

Fresas Cubiertas de Chocolate . . . 29

Galletas de Almendras 30

Galletitas de Mantequilla 31

Mousse de Chocolate 32

Peras al Vino 34

Piña Flameada con
Ron de Coco 36

<u>*26 unidades aproximadamente*</u>

1 paquete de fillo*
½ barrita de mantequilla derretida
2 tazas de nueces molidas**
1 taza de pistachos molidos
½ taza de miel
⅛ taza de agua

Baklava

Este es uno de mis postres favoritos. Muy tradicional y popular en el Medio Oriente. Hay muchas variaciones. Es ideal para regalar.

Preparación: 15–20 minutos
Cocción: 15–20 minutos

Precalienta el horno a 350 grados. Con una brochita, pinta con la mantequilla derretida una bandeja de horno. Coloca varias capas (3-5) del *fillo*. Agrega la mitad de las nueces y los pistachos. Coloca otro grupo de capas de *fillo* y repite el proceso. Con un cuchillo bien afilado corta en forma triangular o de diamante, y hornea de 15 a 20 minutos hasta que se dore. Mientras, prepara el glaseado: derrite la miel en el agua. Una vez salga del horno, vierte el glaseado sobre el Baklava.

* El *fillo* es un tipo de masa muy finita que viene congelada y la cual se confunde muchas veces con el hojaldre. No es hojaldre; las masas son muy diferentes. Para usarla sácala del paquete y desenróllala. Coloca en una superficie plana y cubre con papel toalla húmedo. Se seca fácilmente y una vez seca la tienes que desechar.
** El más tradicional es usando almendras, pero a mí me gustan más las nueces o las pacanas.

1 bizcocho para 8 a 10 personas

Para el bizcocho:

12 onzas (1 ½ tazas) de chocolate semidulce* en trocitos o besitos (kisses)

1 ½ barritas de mantequilla sin sal cortada en pedazos

6 huevos, separando las claras de las yemas

¾ taza de azúcar

1 cucharadita de vainilla

1 cucharadita de licor de chocolate**

*Para el glaseado de chocolate y frambuesas:****

½ taza de sirope de maíz oscuro****

9 onzas (1 ⅛ tazas) de chocolate semidulce en trocitos o besitos (kisses)

Bizcocho de Chocolate sin Harina

Hace un tiempito una amiga me pidió una receta de un buen bizcocho de chocolate. Este es mi favorito. Espero que lo disfrutes tanto como todo el que lo prueba. La textura y consistencia es parecida a la de los brownies. Si eres fanático del helado de vainilla, este bizcocho será la combinación perfecta.

Preparación: 20–25 minutos
Cocción: 25–30 minutos

Para preparar el molde:

Prepara un molde *spring form* de 9 pulgadas (los que se usan para hacer *cheesecakes*). Corta un círculo de papel pergamino (*parchment paper*)***** para hacer galletitas o papel de cera del tamaño del fondo del molde. Úntale mantequilla y listo.

Para preparar la mezcla del bizcocho:

Precalienta el horno a 350 grados. En una olla a fuego lento, derrite el chocolate con la mantequilla y remueve del fuego. Deja reposar unos minutos mientras procesas las yemas. El chocolate debe estar tibio al tacto. En otro recipiente, usando una batidora eléctrica o manual, bate las claras de huevos con la mitad del azúcar hasta que formen piquitos (como si fueras a hacer merenguitos). Reserva.

* En inglés es *semisweet*.
** Puedes usar cualquier licor que te guste o no usar ninguno si no te gustan los licores.
*** En inglés son *raspberry*.
**** En inglés es *corn syrup*.
***** Se consigue en el supermercado en el área donde está el papel de aluminio.

En una batidora eléctrica bate las yemas con la mitad del azúcar hasta que forme una pasta amarilla clara. Debe tomarte unos 2 a 4 minutos. Agrega el chocolate derretido, la vainilla y el licor de chocolate. Incorpora poco a poco las claras batidas. Vierte en el molde preparado. Hornea durante 45 a 50 minutos. Para verificar que esté listo inserta un palillo de dientes en el centro y si sale con migajas húmedas, ya está. Pasa un cuchillo por el borde. Deja enfriar, abre el molde y desmolda.

Para el glaseado:
Derrite en baño de María el chocolate con el sirope de maíz. Una vez el bizcocho esté listo y frío, cubre con este glaseado.

20 unidades aproximadamente

1 barrita de mantequilla sin sal
8 onzas de chocolate semidulce picadito
1 ¾ taza de azúcar
1 pizca de sal
3 huevos
¾ taza de harina todo propósito
1 taza de nueces picaditas
Aerosol de cocinar

Brownies

Este es un clásico siempre espectacular. Ideal si te gusta hacer regalitos, ya que los puedes poner en cajitas bonitas con lazos y decoraciones fabulosas.

Preparación: 5–10 minutos
Cocción: 40–45 minutos

Precalienta el horno a 350 grados. Coloca la mantequilla y el chocolate en baño de María*, hasta que se derritan. Remueve del fuego y agrega el azúcar y la sal. Poco a poco mezcla los huevos y la harina. Una vez todo esté incorporado, agrega las nueces. Coloca en un molde de horno cuadrado cubierto con aerosol de cocinar. Hornea durante 40 a 45 minutos hasta que al introducir un tenedor salga con pocas migajas y estén húmedas. Deja reposar en el molde hasta que se enfríen y corta.

* Baño de María - Coloca una olla con agua a fuego medio alto y sobre ésta pon un recipiente que aguante calor. Aquí pones el chocolate y lo vas derritiendo poco a poco. El agua no debe tocar el chocolate, pues la idea es que se derrita con el vapor del agua.

Cheescake Estilo New York

1 cheescake para 8 a 10 personas

Para el crust:
1 ¾ tazas de galletitas Graham molidas *
⅓ taza mantequilla derretida

Para el relleno:
¼ taza + 1 taza de azúcar regular
⅛ cucharadita de sal
3 paquetes (8 onzas cada uno) de queso crema a temperatura ambiente
2 cucharaditas de extracto de vanilla
5 huevos
1 taza de crema agria
Fresas para decorar**

Preparación: 10–15 minutos
Cocción: 50–55 minutos

Para preparar el *crust*:
Precalienta el horno a 300 grados. En un recipiente, combina la galleta Graham molida, con la mantequilla y el ¼ de azúcar. Presiona la mezcla en el fondo y los lados (como 2 pulgadas de los lados) en un molde *springform**** de 9 pulgadas.

Para preparar el *cheesecake*:
Aparte, con una batidora eléctrica, mezcla el queso crema con la taza de azúcar restante y el extracto de vainilla. Agrega los huevos y, finalmente, la crema agria. Transfiere la mezcla al molde preparado y hornea durante 1 hora y 15 minutos hasta que el centro esté casi cocido. Apaga el horno y deja el *cheesecake* dentro con la puerta abierta a mitad, durante una hora adicional. Saca del horno y coloca en la nevera de un día para otro. Desmolda, sirve con las frutas y listo.

* Estas galletitas las consigues enteras en el supermercado y las procesas en un procesador de alimentos.

** Aquí puedes dejar tu imaginación correr. Puedes servirlo con cualquier fruta que te guste, desde fresas o cerezas, hasta mangó. A mí me gusta servirlo con un poquito de crema batida.

*** Este es el molde que se abre y se desmolda del fondo. Es tradición usarlo para hacer *cheesecakes* y se consigue en tiendas de efectos de repostería, cocina y algunas tiendas por departamentos.

1 cheesecake para 8 a 10 personas

Para el crust:
  2 tazas de galletitas de chocolate rellenas de vainilla (molidas)*
  ½ barrita de mantequilla derretida

Para el relleno:
  4 paquetes de queso crema a temperatura ambiente
  1 ½ tazas de azúcar
  2 cucharadas de harina
  1 cucharadita de extracto de vainilla
  ¾ taza de crema agria
  5 huevos
  ½ tazas de galletas de chocolate rellenas de vainilla (picaditas)

Para decorarlo:
  1 taza de crema batida (whipped cream) de la que viene congelada
  10-12 galletitas de chocolate rellenas de vainilla

Cheesecake de Galletitas de Chocolate Rellenas de Vainilla

Este cheesecake es uno de esos pecados que vale la pena cometer.
Es maravilloso a cualquier hora e ideal para regalar.
Es una receta para niños de todas las edades...

Preparación: 10–15 minutos
Cocción: 50–55 minutos

Para hacer el *crust*:

Precalienta el horno a 300 grados. En un recipiente, mezcla las galletitas molidas con la mantequilla hasta que quede una pasta uniforme. Presiona en un molde *springform* de 9 pulgadas**. Hornea durante 10 minutos. Mientras, con una batidora eléctrica o manual, mezcla el queso crema con la harina y la vainilla hasta que todo quede incorporado. Agrega la crema agria y los huevos (uno a uno) hasta que se incorporen a la mezcla. Añade las galletas picaditas. Coloca en el molde preparado. Hornea durante 1 hora y deja reposar hasta que esté frío. Deja en la nevera de un día para otro. Desmolda y ¡a disfrutar!

Para decorar el *cheesecake*:

Si lo vas a servir al momento, cubre con la crema batida y luego coloca las galletitas. Si lo vas a servir en pedazos: sirve el pedazo con un poquito de crema batida y unas fresas, si quieres algo elegante. Si lo vas a dar como regalo, no le tienes que poner nada, ya que la crema batida se puede derretir. Yo, simplemente, le pongo una galletita por aquello de darle un toquecito adicional.

* Estas son las galletitas Oreo que son muy populares entre niños y adultos. Para el *crust*, necesitas la parte de la galleta que no tiene la cremita. La otra parte con la cremita la vas a cortar en pedacitos y usarla en la mezcla para hacer el *cheesecake*.

** Este es el molde que se usa tradicionalmente para hacer *cheesecakes*, el cual se desmolda.

4 porciones

4 chinas (naranjas) peladas

La cáscara de una de las chinas (naranjas) picadita en tiras finitas

1 taza de agua

½ taza de jugo de china (naranja)

¼ taza de licor de china (naranja)

1 ½ tazas de azúcar

3 cucharaditas de extracto de vainilla

menta y cáscara de chinas (naranjas) para decorar

Chinas (Naranjas) en Sirope

Una receta muy sencilla de preparar. El resultado es un plato elegantísimo, que impresiona a todos. Las puedes servir con helado de vainilla o solas.

Preparación: 5–10 minutos
Cocción: 20–25 minutos

En una olla donde quepan las 4 chinas (naranjas) paradas, agrega todos los ingredientes menos las chinas (naranjas). Cocina a fuego medio alto durante 3 a 4 minutos, hasta que se disuelva el azúcar. Agrega las chinas (naranjas) y cocina a fuego medio durante 20 a 25 minutos, virando las chinas (naranjas) de vez en cuando. Sirve frío o caliente.

Decora con hojitas de menta y cáscaras de china (naranja).

20-30 churros según el tamaño

5 tazas de agua
8 onzas de mantequilla
1 cucharadita de sal
½ taza de azúcar
½ taza de aceite de maíz
3 cucharaditas de extracto de vainilla
5 tazas de harina todo propósito
8 huevos
Aceite para freír
Azúcar pulverizada

Churros

Cuando era pequeña, había un señor que vendía churros en Guaynabo. Han pasado varios añitos y los churros siguen estando en mi memoria como algo maravilloso de esos días. Es una receta que me recuerda mucho lo sencilla que debe ser la vida. Si quieres hacer una versión "gourmet" los puedes servir con salsa de chocolate, de guayaba y hasta con caramelo. Si quieres hacer algo único y muy festivo, ¡sírvelos acompañados de champagne!

Preparación: 10–15 minutos
Cocción: 5–10 minutos

En una olla, calienta los primeros 6 ingredientes hasta que hiervan. Baja a fuego medio y agrega la harina. Con una cuchara de madera combina hasta que se forme una bola (cerca de un minuto). Remueve del fuego y agrega los huevos todos a la vez. Continúa batiendo hasta que quede una masa suave. Deja que la masa enfríe. Coloca la masa en una manga pastelera con una punta de estrella*.

En una olla, con mucho aceite caliente (a 350 grados) deja caer la masa** y fríe hasta que los churros se doren. Remueve del aceite y espolvorea con azúcar pulverizada.

* La manga pastelera y la punta de estrella las consigues en tiendas donde venden equipo de cocina. La punta de estrella no debe ser muy ancha de manera que los churros queden crujientes.

** La masa debe medir unas 4–5 pulgadas de largo. Para cortar la masa puedes usar una tijera.

3 docenas

2 paquetes de coco rallado (7 onzas cada uno)

1 taza de azúcar

6 cucharadas de harina

1 pizca de sal

4 claras de huevo

1 cucharada de extracto de vainilla

1 ½ tazas de chocolate derretido para acompañar*

Coquitos

Una receta muy linda que puedes preparar cuando tengas que hacer un regalito. Es fabulosa para hacerla con la ayuda de niños.

Preparación: 5–10 minutos
Cocción: 15–20 minutos

Precalienta el horno a 325 grados. En un recipiente combina todos los ingredientes menos el chocolate. Coloca cucharadas de la mezcla en una bandeja de horno preparada y hornea durante 15 a 20 minutos hasta que los bordes estén doraditos. Remueve del horno y deja que se enfríen.

Si lo deseas, una vez fríos, puedes cubrir los coquitos con el chocolate derretido y colocar en la nevera para que el chocolate se endurezca. Otra alternativa es servirlas con el chocolate derretido como acompañante.

* Para derretir el chocolate, simplemente colócalo en un recipiente de microondas y procesa a fuego medio, en intervalos de 30 segundos. Una vez esté brilloso, muévelo para que se acabe de derretir. Usualmente una taza se demora cerca de 1 minuto. También puedes usar cubierta de chocolate (*frosting*) para bizcochos y derretirlo durante unos segundos en el microondas.

4 porciones

5 tazas leche
1 cucharadita de ralladura de limón
2 cucharaditas de ralladura de china
2 palitos de canela
8 yemas de huevo
1 taza de azúcar
½ taza de maicena
6 cucharaditas de azúcar
1 cucharadita de extracto de vanilla

Crème Brûlée

Una de esas recetas que a todo el mundo le gusta y que nadie se imagina cuán fácil es de preparar. Elegante y sutil, perfecta en cualquier momento.

Preparación: 5–10 minutos
Cocción: 15– 20 minutos

En una olla combina la leche, las ralladuras de limón y china, la canela. Deja hervir y luego reduce el fuego a bajo y deja cocinar durante 10 a 15 minutos, moviendo de vez en cuando. Descarta las ralladuras y la canela. Con una batidora, bate las yemas y el azúcar hasta que tengan un color amarillo pálido. Agrega la maicena y gradualmente agrega la leche caliente. Devuelve la mezcla a la olla y cocina a fuego medio hasta que hierva. Mueve constantemente. Divídela en 4 *remekins** y refrigera durante 3 horas o de un día para otro. Coloca azúcar en cada uno de los *remekins* y quema con una antorcha**. El azúcar debe estar doradito y no quemado.

* Los *remekins* son envases pequeños de horno.

** La antorcha es un instrumento, que hoy día puedes conseguir en muchas tiendas donde vendan efectos de cocina, específicamente unas chiquitas que identifican "para hacer crème brûlée". En las cocinas profesionales del mundo, realmente se usa una grande; las mismas que usan los plomeros para soldar. – Sugiero usarlas con precaución ya que son peligrosas.

12 fresas

12 fresas*

2 tazas de chocolate (semidulce)

Fresas Cubiertas de Chocolate

¿A quién no le gusta comer fresas cubiertas con chocolate? Sin lugar a dudas este es uno de los placeres más divinos y sencillos de la vida. Lo mejor es que no tiene demasiadas calorías. Las puedes preparar de ti para ti o como un regalo muy "chic".

Preparación: 0–5 minutos
Cocción: 0 minutos

En un recipiente de microondas (también lo puedes hacer en baño de María), coloca el chocolate. Derrite en el microondas a fuego medio alto, en intervalos de 30 segundos hasta que el chocolate se ponga brilloso. Retira del microondas y remueve con una cuchara. Introduce las fresas y cubre con el chocolate obviando el tallo.

Coloca en la nevera en un plato desechable o una bandeja cubierta con papel de cera o pergamino. Deja que el chocolate se solidifique, lo que puede tomar como mucho unos 30 minutos, según la nevera.

* Las fresas vienen de varios tamaños. Hay unas que tienen el tallo largo y son más costosas, pero son las mejores para usar en esta receta, ya que son más fáciles de sujetar.

1-2 docenas según el tamaño

2 barritas de mantequilla sin sal
¾ taza de azúcar pulverizada*
2 cucharaditas de extracto de vainilla
2 cucharaditas de extracto de almendras o de licor de almendras
1 pizca de sal
1 ¾ tazas de harina cernida
1 ½ cucharaditas de canela en polvo
1 taza de almendras trituradas
Azúcar pulverizada para decorar

Galletas de Almendras

Conocidas también como galletitas de boda, son riquísimas y se ven preciosas, lo que las hace ideales para regalar. Las pones en una cajita con una cinta y… ¡perfecto! Regalo automático. Estas son, sin lugar a dudas, mis galletitas favoritas.

Preparación: 10–15 minutos
Cocción: 15–20 minutos

Precalienta el horno a 350. En una batidora, procesa la mantequilla durante 2 minutos. Agrega el azúcar y combina hasta que se incorporen. Agrega el extracto de vainilla, el extracto de almendras y la sal.

Aparte, en otro recipiente, combina la harina con la canela y agrega –poco a poco– a la mezcla de la mantequilla. Incorpora las almendras y deja en la nevera durante media hora hasta que la mezcla tenga consistencia. Corta con un cortador de galletitas y hornea durante 12 a 15 minutos (hasta que estén doraditas). Saca del horno y deja enfriar. Finalmente cubre con azúcar en polvo.

* Esta azúcar se conoce también como azúcar pulverizada (10X) o azúcar Dominó.

10-12 galletas

1 taza de mantequilla
½ taza de azúcar pulverizada (10X)
½ taza de maicena
1 ½ tazas de harina todo propósito
¼ cucharadita de extracto de vainilla
Frostings y azúcares para decorar

Galletitas de Mantequilla

Estas galletitas son básicas y deliciosas. Si tienes niños o sobrinos como es mi caso, puedes pedirles que te ayuden, tanto a prepararlas como a decorarlas.

Preparación: 5–10 minutos
Cocción: 5–10 minutos

En una batidora eléctrica, combina todos los ingredientes, menos los *frostings*. Usa un rodillo hasta formar un círculo de ⅛ de pulgada de espesor. Corta con cortadores de galletitas* según la ocasión, y hornea de 8 a 10 minutos hasta que los bordes se doren. Decora con los frostings y las azúcares.

* Puedes usar cualquier tipo de cortadores que te gusten.

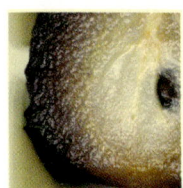

<u>*4 porciones*</u>

8 peras pequeñas o 4 grandes peladas
4 cucharaditas de mantequilla
1 botella de vino tinto*
1 taza de azúcar

Peras al Vino

Esta es la receta favorita de mi papá. Una receta sencilla, muy elegante y perfecta para el "gran final". Las puedes servir solas o con unas cucharadas de crema batida y menta.

Preparación: 0–5 minutos
Cocción: 20–25 minutos

En una olla alta (deben caber las peras paradas) a fuego medio derrite la mantequilla. Coloca las peras sobre la mantequilla y añade el resto de los ingredientes. Cocina durante 25 minutos.

* Puede ser cualquiera que tengas. A mí me gusta el Cabernet Sauvignon o el Merlot.

4 porciones

¼ taza de mantequilla
2 piñas abiertas a la mitad
1 ½ taza de azúcar morena
½ taza de agua
4 cucharaditas de extracto de vainilla
1 cucharadita de canela en polvo
1 taza de ron de coco o cualquier ron que te guste

Piña Flameada con Ron de Coco

Esta receta es definitivamente para impresionar. Si tienes deseos de sorprender a alguien, no hay mejor receta que esta. Otra alternativa es prepararla con guineos, mango o papaya, y servirla con helado de vainilla.

Preparación: 10–15 minutos
Cocción: 5–10 minutos

Con un cuchillo, corta un cuadrado en la piña, de manera que puedas remover parte de su interior. (Aquí ten cuidado de no cortar la corteza de la piña). Corta en trocitos. En una sartén, a fuego mediano, derrite la mantequilla. Añade los pedazos de la piña y cocina durante 2 minutos. Añade el azúcar, el agua, el extracto de vainilla y la canela. Cocina los ingredientes durante 5 minutos a fuego medio hasta que empiece a hervir. Retira la sartén de la estufa y añade el ron. Acerca un fósforo prendido y deja que se esfume la llama. Llena la piña con los trocitos.

Mari

Mariscos
capítulo 2

Camarones Da Vinci	42
Camarones Empanados con Coco o Platanutres	44
Camarones Rellenos de Cangrejo	45
Ceviche de Merluza Doméstica	46
Dorado Enquesado	48
Langostinos Terrenales	49
Mejillones Orientales	50
Mero en Salsa Cremosa de Almendras	52
Ostras Gratinadas con Queso Crema y Queso Gouda	54
Paella	56
Rodaballo en 2 Salsas	58
Salmón en Salsa Criolla	60
Salmón en Salsa de Petit Pois	62
Salmón Teriyaki	64
Tostadas de Camarones	66
Vieras y Langosta en Salsa Cremosa de Champagne	67

4 porciones

4 cucharadas de mantequilla

⅛ taza de aceite de oliva

2 cucharadas de ajo machacado

3 cucharadas de hierbas italianas mezcladas*

3 libras de camarones medianos — o cualquiera que tengas**

2 cucharadas de queso parmesano rallado

Sal y pimienta a gusto

Camarones Da Vinci

Una de esas recetas que es perfecta cuando no tienes tiempo, pero sí muchas ganas de comer bien. Los puedes servir como aperitivo o como plato principal. Es ideal para servir con pasta o como parte de un "mar y tierra".

Preparación: 0–5 minutos
Cocción: 5–10 minutos

En una sartén a fuego medio alto, sofríe el ajo en el aceite de oliva y la mantequilla durante unos 2 minutos. Agrega las hierbas y los camarones y sofríe durante 4 a 5 minutos hasta que los camarones cambien de color. Sirve y espolvorea el queso parmesano. Sazona con sal y pimienta.

* Estas hierbas se consiguen ya mezcladas en el supermercado; en el empaque dice Italian seasoning. También puedes mezclarlas en tu casa usando albahaca, perejil, orégano, romero y cualquier otra hierba que te guste. De igual forma, puedes usar cualquier otra hierba que tengas para hacer combinaciones maravillosas y diferentes.

** Para no pasar trabajo, compra los camarones limpios y crudos en el supermercado.

4 porciones

16 camarones jumbo (grandes) crudos y limpios*
½ taza de maicena
2 claras de huevo batidos hasta que haga un poco de espuma (foam).
2 tazas de coco rallado (de bolsita)
½ cucharadita de paprika
Sal y pimienta a gusto
Aceite para freír

Camarones Empanados con Coco o Platanutres

Esta receta la puedes preparar como aperitivo o como plato principal. La puedes servir sola o acompañada de tu salsa favorita.

Preparación: 10–15 minutos
Cocción: 5–10 minutos

Coloca la maicena, los huevos batidos y el coco en tres vasijas (siguiendo ese orden). Calienta el aceite hasta que esté bien caliente. Sazona los camarones con la sal y la paprika (adobo). Pasa cada camarón por la maicena removiendo el exceso, luego por las claras de huevo y finalmente por el coco rallado (platanutres). Fríe en el aceite durante 2 a 3 minutos hasta que se doren.

Si quieres hacer unos camarones "boricuas" simplemente elimina la paprika, sazona con adobo y sustituye el coco por platanutres triturados. El procedimiento es exactamente el mismo.

Para limpiar los camarones:
Quítale el caparazón a los camarones dejándoles la colita. Con un cuchillito pequeño hazle un corte a la parte curveada del camarón, hasta casi abrirlos (en mariposa). Quítales la tripa y limpia con mucha agua.

* Los camarones se consiguen en bolsitas o en el área de los mariscos frescos en el supermercado. Lo mejor es comprarlos limpios, sin el caparazón. Los camarones se adquieren según la cantidad que quepan en una libra. Mientras más alto el número, más pequeño el camarón, ya que caben menos en una libra. Por ejemplo: 8-10 son los grandes (de 8 a 10 camarones en la libra) y 150-250 son los bien pequeñitos (de 150-250 en una libra). Esta información aparece en el empaque.

4 porciones

16 camarones grandes limpios y abiertos en mariposa*
Sal y pimienta blanca a gusto

Para el Relleno:
½ paquete (4 onzas) de queso crema
¼ taza de salsa bechamel o salsa blanca preparada**
½ taza de queso mozzarella
1 taza de imitación de cangrejo o cangrejo fresco cortado en trocitos***
1 cucharadita de ajo machacado
2 cucharaditas de mantequilla
¼ taza de cebollas picaditas
¼ a ½ taza de galleta molida
Sal y pimienta a gusto

Camarones Rellenos de Cangrejo

Una receta perfecta para impresionar. Puedes prepararla y dejarla lista hasta que lleguen tus invitados. Diez minutos antes de comer, cocinas los camarones y ¡listo! A mí me gusta servir estos camarones con linguinne o fetuccine con una salsa como la bechamel.

Preparación: 10–15 minutos
Cocción: 5–10 minutos

Para preparar el relleno: En una sartén a fuego medio, sofríe la imitación de cangrejo o el cangrejo y la cebolla con la mantequilla. Coloca en un recipiente y agrega el resto de los ingredientes hasta hacer un relleno que tenga suficiente consistencia como para hacer una bolita. Le puedes añadir más o menos galleta según la humedad del día.

Para preparar y rellenar los camarones: Precalienta el horno a 375 grados. Coloca los camarones en mariposas en una bandeja engrasada con el lado abierto haciendo contacto con la bandeja. (La idea es que le quede la cola en el aire). Pon una cucharada del relleno en el centro del camarón (la parte que quedó cerrada). Cierra con la colita. Hornea durante 8 a 10 minutos. El color debe cambiar de transparente a naranja.

* Para limpiar los camarones y abrirlos en mariposa: quítale el caparazón, dejándoles la colita. Con un cuchillito pequeño hazle un corte a la parte curveada del camarón, hasta casi abrirlo (en mariposa). Quítale la tripa y limpia con mucha agua.
** Puedes usar la salsa blanca para pastas que viene preparada en frascos en el supermercado.
*** En esta receta puedes sustituir el cangrejo por jamón, carne molida o cualquier otra carne, vegetal o marisco que puedas picar pequeñito. Si no quieres pasar trabajo, en lugar de picarlo con un cuchillo, puedes usar un procesador de alimentos.

4 porciones

2 libras de merluza doméstica cortada en tiritas
1 taza de jugo de limón fresco (cerca de 16 limones)
La cáscara de 4 limones picada en tiritas
1 cucharadita de ajo machacado
½ taza de cebolla picadita
Sal y pimienta a gusto

Ceviche de Merluza Doméstica

Esta es una forma muy sencilla y rápida de preparar pescados y mariscos. Es tradicional de Perú y de muchos países centroamericanos. Puedes preparar esta misma receta usando camarones, vieras, y otros mariscos y pescados que te gusten. Dado a que el pescado no se cocina como tal, hay que tener precaución a la hora de comerlo; sobre todo las personas con ciertos padecimientos de salud. Antes de comerlo, consulta con tu médico.

Preparación: 5–10 minutos
Cocción: 0 minutos

En un recipiente hondo combina todos los ingredientes y deja "macerar" durante una hora en la nevera. El color y la textura del pescado van a cambiar a un color opaco y una textura que va a parecer que la merluza fue cocinada.

Sírvelo en una copa alta grande.

4 porciones

4 filetes de dorado*
8 onzas (1 paquete) de queso crema
¼ taza de queso parmesano rallado
¼ taza de cilantrillo picadito
2 cucharaditas de ajo machacado
Aerosol de cocinar
Sal y Pimienta a gusto

Dorado Enquesado

Esta receta es para ti, amante del queso y de los pescados. Es maravillosa y se prepara prácticamente sola.

Preparación: 0–5 minutos
Cocción: 10–15 minutos

Precalienta el horno a 350 grados. Sazona el dorado con la sal y pimienta. Combina el resto de los ingredientes para hacer una pastita. Coloca sobre el dorado y hornea durante 10 a 15 minutos dependiendo del grosor** del pescado.

* Puedes usar cualquier pescado que te guste.

** El pescado se cocina durante 8 minutos por pulgada de espesor. Por ejemplo: si el pescado mide 1½ pulgadas, te va a tomar 12 minutos. Si es de ½ pulgada, te va a tomar 4 minutos.

4 porciones

12 langostinos limpios sin cabeza ni caparazón
12 lascas de tocineta
Sal y pimienta a gusto

Langostinos Terrenales

Esta es una receta algo inesperada, donde se combina el mar –los langostinos– con la tierra –la tocineta. Es una forma bien diferente de preparar los langostinos. La puedes preparar como plato principal o como acompañante.

Preparación: 5–10 minutos
Cocción: 5–10 minutos

Precalienta el horno a 450 grados. Sazona los langostinos con sal y pimienta. Envuélvelos con la tocineta. Coloca en una bandeja de horno cubierta con papel de aluminio y rociada con aerosol de cocinar. Hornea durante 8 a 10 minutos hasta que la tocineta se dore. A mitad de cocción, los puedes voltear para que la tocineta quede crujiente por ambos lados.

4 porciones de plato principal u 8 de aperitivo

1 botella de vino blanco*
3 cucharadas de albahaca bien picadita
½ cucharadita de pimentón
1 barrita de mantequilla
2 tazas de cebollines picaditas
3 cucharadas de ajo machacado
3 libras de mejillones**
Sal y pimienta a gusto

Mejillones Orientales

Una receta sencillísima, lista en pocos minutos, que puedes servir como aperitivo o como plato principal. De igual forma, puedes servirla con el caldo en que se cocinan los mejillones o puedes servir los mejillones solos.

Preparación: 0–5 minutos
Cocción: 5–10 minutos

En una olla grande, combina todos los ingredientes, menos los mejillones, y hierve durante 5 a 6 minutos. Agrega los mejillones, tapa y cocina otros 3 minutos hasta que se cocinen***.

* Chablis, Sauvignon Blanc o cualquier vino blanco que te guste.

** Los mejillones, por lo general, se compran congelados. Aquí en Puerto Rico es frecuente encontrarlos abiertos y limpios. Si por el contrario los compras vivos, asegúrate de limpiarlos frotándolos por ambos lados con un cepillo y mucha agua para removerle los residuos de arena y algas. Además hay que removerles una barba que tienen en el lado. En su interior tienen un anillo gomoso que forma un borde color marrón, el cual también hay que remover.

Al escoger los mejillones frescos asegúrate de que la concha no esté rota. Dale golpecitos suaves a la concha; si cierra, está bien, de no hacerlo descártalo. Debes usar los mejillones el mismo día que los compres. Si los vas a mantener en la nevera debes colocarlos en agua con un poquito de sal.

*** Los mejillones cambian de color y textura tan pronto se cocinan.

4 porciones

2 cucharadas de aceite de oliva
1 cucharada de mantequilla
1 ½ tazas de almendras
⅛ taza de shallots picaditos*
1 cebolla lila bien picadita
4 filetes de mero
⅛ taza de agua
1 taza de crema de leche
Sal y pimienta a gusto

Mero en Salsa Cremosa de Almendras

Las almendras le dan un sabor muy crujiente y especial al mero. La combinación de sabores es estupenda y sorpresiva. Algo único, pero muy exótico.

Preparación: 5–10 minutos
Cocción: 5–10 minutos

En una sartén a fuego medio alto, dora las almendras en la mantequilla y el aceite de oliva. Agrega los *shallots* y la cebolla, y cocina hasta que se doren; unos 2 a 3 minutos. Coloca el mero y dora. Agrega el agua, tapa y cocina unos 3 a 4 minutos a fuego medio alto. En este punto el pescado va a empezar a cambiar de color. Finalmente, agrega la crema de leche y deja que espese otros 2 a 3 minutos sin taparlo. Sazona con sal y pimienta.

* Los *shallots* son un vegetal que parece un ajo, pero tiene sabor de cebolla. Es muy usado en Europa. A veces se consigue en el supermercado. Si no lo consigues, puede usar ajo machacado.

4 porciones como plato principal

3 libras de ostras

8 onzas (1 paquete) de queso crema

2 tazas de queso gouda o queso mozzarella*

Sal y pimienta a gusto

Ostras Gratinadas Con Queso Crema y Queso Gouda

Se supone que los mariscos, sobre todo las ostras, nos inciten a desatar nuestras pasiones. En lo personal pienso que esto es mental y que nada como unas palabras y una mirada para provocar el amor. De todas formas, me parece súper lindo cocinarle algo especial a esa persona que tanto nos llena. Estas ostras son una alternativa maravillosa y muy sencilla para servirlas en una fiesta.

Preparación: 5–10 minutos
Cocción: 5–10 minutos

Precalienta el horno a 375 grados. Coloca las ostras en una bandeja para horno y sazona con la sal. Añade un poquito de mantequilla y los quesos a cada ostra. Hornea durante 5 a 7 minutos hasta que se derrita el queso y las ostras estén cocidas. Sirve con diferentes tipos de salsas como *mayoketchup*.

* Para esta receta estoy usando queso crema y gouda holandés. Este queso se consigue en algunos supermercados y en la isla de San Martín. Si vas de viaje y consigues el queso, puedes traer uno de recuerdo. De igual forma, puedes utilizar quesos que derritan como el suizo, el mozzarella y hasta el brie, que es uno de mis favoritos.

Mayoketchup:

Rinde: 3/4 taza aproximadamente

1/2 taza de mayonesa

4 cucharadas de ketchup

1/2 cucharadita de salsa picante

1/2 cucharadita de ajo machacado

1/4 cucharadita de salsa inglesa

Sal y pimienta a gusto

En un recipiente, combina todos los ingredientes.

Paella

La paella es uno de los platos más tradicionales de España y favoritos del mundo. Cada cual le da su toque, y está en ti qué le quieres poner o quitar. Para prepararla puedes usar una paellera, una especie de sartén honda o simplemente una sartén alta que tengas en casa. Si quieres presentarla de manera muy diferente, sírvela en el caparazón de una langosta. La Paella Valenciana se supone que sea la más auténtica y oriunda de Valencia. Esta lleva conejo y pollo.

Variación:
Paella Puertorriqueñizada

Si te gusta la paella, pero quieres probar algo bien diferente, aquí tienes una variación de la paella tradicional. Añádale 1 libra de lechón cortado en trocitos (debes sofreírlo al momento que agregues el arroz). También le puedes añadir longaniza, recao y cilantrillo para darle un toquecito aún más puertorriqueño.

Un dato curioso:
Para determinar la cantidad correcta de arroz por la de caldo, que luego de sofreír los vegetales y añadir el caldo, haz una cruz con el arroz. Una vez que el arroz salga un poquito sobre el caldo, se supone sea suficiente arroz. Esto lo compartió conmigo alguien a quien considero la mejor chef española: Doña Charo, una señora española (casi abuela) a quien conozco desde que nací y quien hace la mejor paella del mundo.

6 porciones

1 ½ tazas de cebollas
½ taza de chorizos en trocitos
3 cucharaditas de ajos machacados
2 cucharaditas de aceite de oliva
3 tazas de arroz grano largo
6 tazas de caldo de mariscos*
½ cucharaditas de hilos de azafrán** *(los consigues en supermercados especializados)* o 2 sobres de sazón con azafrán
1 libra de camarones jumbo (grandes) pelados y limpios
1 libra de calamares
1 libra de mejillones***
1 libra de langosta cortada en trocitos****
1 lata de petit pois (guisantes verdes)
½ taza de pimientos morrones enlatados

Preparación: 10–15 minutos
Cocción: 25–30 minutos

En una paellera o en una sartén grande, sofríe la cebolla con el chorizo y el ajo en el aceite de oliva durante 5 minutos, hasta que la cebolla y el chorizo se doren. Añade el arroz y sofríelo durante 1 minuto. Añade el caldo y el azafrán (o los sobrecitos de sazón). Déjalo hervir y reduce a fuego bajo sin taparlo durante 15 a 17 minutos. Añade los camarones, los calamares, los mejillones y la langosta, y cocina durante 5 minutos más. Remueve la paellera del fuego y deja que el líquido restante se consuma. Decora con *petit pois* (guisantes verdes) y los pimientos morrones.

* Caldo de Mariscos: Prepara uno con 6 tazas de agua combinadas con 4 cubitos de pescado y 2 de camarones. Le puedes añadir los caparazones de los camarones y colarlo una vez listo. Si tienes tiempo, puedes hacer un caldo en casa o comprarlo en un restaurante de mariscos ya preparado.

** Lo consigues en supermercados especializados.

*** Para limpiar los mejillones si las compras frescos: Los debes comprar con las conchas cerradas; si están abiertas, descártalos. Límpialos bien con mucha agua. Usualmente vienen con algas y es importante quitárselas.

**** Para preparar la carne de la cola de la langosta: Separa la carne de la cola, halándola para desprenderla del caparazón. Cortas la carne en trocitos y listo.

Si quieres ahorrar tiempo: Puedes comprar "Paella Mix", unas bolsas que vienen con una variedad de mariscos. Te va a ahorrar tiempo al no tener que limpiar los mariscos. Lo consigues en supermercados en el área de los congelados.

4 porciones

4 filetes de rodaballo o cualquier otro pescado que te guste
4 cucharadas de mantequilla
Sal y pimienta a gusto

Para la salsa de setas y tomates:
Rinde: 1 taza
1 taza de tomates bien picaditos sin las semillas
¾ taza de setas sin los tallos bien picaditos
⅛ taza de cebollas bien picaditas
3 cucharadas de aceite de oliva
1 cucharada de perejil fresco
1 cucharada de ajo machacado
Sal y pimienta a gusto

Salsa de mostaza, tomate y albahaca:
Rinde: 1 taza
1 taza de mostaza Dijon o cualquier mostaza que tengas disponible
2 cucharadas de vinagre de vino blanco
3 cucharadas de pasta de tomates
3 cucharadas de semillas de mostaza (opcional)
⅛ taza de cebollas bien picaditas
3 cucharadas de aceite de oliva
⅛ taza de albahaca fresca picadita
1 cucharadita de ajo machacado
Sal y pimienta a gusto

Rodaballo en 2 Salsas

Una combinación diferente e inesperada para servir el rodaballo o tu pescado favorito. Puedes servir las salsas tanto con pescado como con pollo, carnes y hasta camarones. Lo mejor es que las puedes preparar desde el día antes de usarlas.

Para el pescado:
Preparación: 5–10 minutos
Cocción: 5–10 minutos

Precalienta el horno a 350 grados. Coloca el rodaballo en una bandeja de horno enmantequillada. Sazona con la sal y pimienta y unta la mantequilla. Hornea durante 8 a 10 minutos según el espesor del pescado. Mientras tanto, prepara las salsas. Una vez el rodaballo esté cocido, sirve con las salsas.

Para las salsas:
Preparación: 0–5 minutos
Cocción: 10–15 minutos

Para preparar la salsa de setas y tomates:
Coloca todos los ingredientes en una olla y cocina a fuego bajo durante 15 minutos. Remueve el agua que pueda haber salido de los tomates y procesa con un procesador de alimentos manual (*hand blender*). Sube el fuego a medio alto y cocina otros 3 a 4 minutos hasta que se espese.

Para preparar la salsa de mostaza, tomates y albahaca:
Coloca todos los ingredientes en una olla y cocina a fuego bajo durante 15 minutos. Procesa con un procesador de alimentos manual (*hand blender*). Sube el fuego a medio alto y cocina otros 3 a 4 minutos hasta que se espese.

4 porciones

1 cucharadita de aceite de oliva
4 filetes de salmón de 4 onzas cada uno *
1 taza de salsa de tomate
2 cucharaditas de pasta de tomate
¼ taza de sofrito
½ mazo de recao picadito
½ mazo de cilantrillo picadito
Sal, pimienta y ajo a gusto
Aerosol de cocinar

Salmón en Salsa Criolla

Una forma bien nuestra de preparar el salmón. La misma receta la puedes hacer con pollo, camarones o pavo.

Preparación: 0–5 minutos
Cocción: 5–10 minutos

En una sartén dora la parte de la carne (donde no tiene la piel) del salmón con el aerosol de cocinar. Agrega el resto de los ingredientes y cocina a fuego medio durante 8 a 10 minutos hasta que el salmón esté cocido.

* Puedes usar cualquier pescado que te guste.

4 porciones

1 cucharadita de aceite de oliva

4 filetes de salmón de 4 onzas cada uno

1 ½ tazas de petit pois (guisantes) escurridos sin agua

⅛ taza de crema de leche

3 cucharadas de mantequilla

3 cucharaditas de shallots o ajo machacado*

Sal y pimienta a gusto

Aerosol de cocinar

Salmón en Salsa de Petit Pois

Diferente y algo inesperado; es una receta muy rica con toquecitos franceses. Los petit pois se conocen como guisantes y vienen en latas y congelados.

Preparación: 0–5 minutos
Cocción: 10–15 minutos

En una sartén, dora la parte de la carne (donde no tiene la piel) del salmón con el aerosol de cocinar. Agrega el resto de los ingredientes y cocina a fuego medio durante 8 a 10 minutos hasta que el salmón esté cocido. Mueve de vez en cuando para que la salsa no se pegue. Retira el salmón y con una cuchara, rompe (maja) parte de los petit pois. Deja cocinar otros 3 a 4 minutos a fuego medio para que la salsa se espese y adquiera un colorcito verdoso.

* Los *shallots* son una especie de cebolla pequeñita que parece un ajo. Tiene un sabor entre una cebolla y un ajo, y se usa mucho en la cocina francesa y en toda Europa. Para usarlos, pélalos y córtalos de la misma manera en que cortas una cebolla o un ajo.

4 porciones

4 filetes de salmón de 4 onzas cada uno cortado en tajadas
¾ taza de salsa teriyaki*
¼ taza de semillitas de ajonjolí
Sal y pimienta a gusto

Salmón Teriyaki

Posiblemente la receta más fácil de todo el libro es, a su vez, una de las más ricas. La puedes preparar con cualquier pescado y hasta con carne o aves.

Preparación: 0–5 minutos
Cocción: 5–10 minutos

Precalienta el horno a 350 grados. Sazona con sal y pimienta. En un recipiente, marina el salmón con la salsa teriyaki durante 5 minutos. Coloca en una bandeja de horno enmantequillada y cubre con las semillitas de ajonjolí. Hornea durante 8 a 12 minutos según el espesor del salmón**.

* En cualquier receta que lleve teriyaki o cualquier salsa preparada tienes que tener cuidado con la sal. Usualmente estas salsas contienen altas cantidades de sodio. Mi recomendación es que empieces con poquita sal, lo cocines y luego al final una vez listo, le agregues más si es necesario.

** Para cocinar pescados: Siempre cocina durante 8 minutos por pulgada de espesor en el área más gruesa del pescado. Por ejemplo: si el pescado mide 1 ½ pulgadas de espesor se va a tomar 12 minutos en cocinarse. Si mide ½ pulgada, se va a tomar 4 minutos.

4 porciones

8 onzas de camarones crudos y pelados
1 cucharada de manteca
1 clara de huevo batida
2 cucharaditas de cebollines bien picaditos
½ cucharadita de jengibre bien picadito
1 cucharadita de vinagre de arroz
¼ taza de semillitas de ajonjolí
4 lascas de pan de molde sin los bordes
Sal y pimienta a gusto
Aceite de canola, de maíz o de maní* para freír

Tostadas de Camarones

Estas tostaditas son fáciles y muy exóticas. Perfectas como aperitivos en una reunión de amigos.

Preparación: 5–10 minutos
Cocción: 5–10 minutos

En un procesador de alimentos procesa los camarones y la manteca para formar una pasta. A esta mezcla agrega el resto de los ingredientes, menos las semillitas de ajonjolí y el pan. Cubre el pan con la mezcla de los camarones y finalmente cubre con las semillitas de ajonjolí (esto se hace sólo por un lado). Fríe en una sartén o un *wok***, en aceite caliente a 350 grados durante unos minutos hasta que las tostadas se doren; unos 3 a 5 minutos.

* El aceite de maní le va a dar un sabor mucho más oriental y fuerte si no estás acostumbrada al sabor. El de canola casi no tiene sabor y el de maíz es el más popular en Puerto Rico.

** El *wok* es un instrumento que se usa mucho en la comida oriental y es una combinación entre una olla y una sartén.
Es fabuloso, ya que lo puedes usar de mil formas. En él puedes freír, saltear y hasta hornear.

4 porciones

1 cucharadita de aceite de oliva
2 cucharaditas de mantequilla
2 cucharadas de ajo machacado
½ taza de shallots* picaditos
1 taza de crema de leche
1 ¼ tazas de champagne o vino espumoso
2 libras de vieras descongeladas**
2 libras de carne de langosta picada en cubitos de una pulgada
Sal y pimienta a gusto

Vieras y Langosta en Salsa Cremosa de Champagne

Una de esas recetas que se quedarán en tu memoria por mucho tiempo. ¡Sencilla, elegante y muy chic! Si quieres impresionar, aquí la tienes. Es maravillosa servida sobre algún tipo de pasta.

Preparación: 0–5 minutos
Cocción: 5–10 minutos

En una sartén, a fuego medio alto, sofríe el ajo en el aceite de oliva y la mantequilla durante unos 2 minutos. Agrega los *shallots* y sofríe durante 1 minuto para que se doren. Agrega el *champagne* y la crema de leche. Remueve para hacer la salsa (unos 2 a 3 minutos). Agrega las vieras y la langosta y cocina de 3 a 5 minutos hasta que cambien de color y de textura. Sazona con sal y pimienta.

* Las shallots parecen un ajo, pero tienen sabor a cebolla. Se consiguen en algunos supermercados y tiendas de productos *gourmet*. Al usarlas, les tienes que quitar la cáscara, al igual que haces con la cebolla. Si no las consigues, puedes usar cebolla lila bien picadita.

** Al igual que los camarones, las vieras se compran por tamaño. Puedes usar cualquier tamano que consigas. Ellas están listas tan pronto cambian de color y textura. Aquí en Puerto Rico, por lo general, se consiguen congeladas. Esta misma receta la puedes hacer con almejas, mejillones, camarones o pescado.

Carnes

capítulo 3

n e s

Arroz con Pollo 72	Lasaña de Carne con Salsa Bechamel 86
Beef Wellington Continental y Criollo 73	Pechuga de Pollo Caesar 88
Carne Molida 74	Piononos 90
Carnitas Mexicanas 76	Pollo Oriental con Pimientos (*Pepper Chicken*) 91
Chuletas Cubiertas con Hierbas ... 77	Roulade (Rollitos) de Churrasco con Queso de Cabra 92
Chuletitas de Cerdo Ahumadas en Salsa de Pimientos Morrones .. 78	Roulade (Rollitos) de Pollo Rellenos de Ajo Puerro 94
Churrasco con Salsa Chimichurri .. 80	Tiritas de Pollo Fritas con Espagueti en Salsa Roja 96
Churrasco Marinado en Cerveza .. 81	
Filete de Res con Romero 82	
Filete de Cerdo con Mermelada de Tomate 84	

6 porciones

3 tazas de arroz grano largo
3 libras de pollo cortado en piezas
3 cucharadas de aceite de oliva
¾ taza de sofrito
⅛ taza de cilantrillo picadito
⅛ taza de recao picadito
3 cucharaditas de orégano seco
3 cucharaditas de ajo machacado
4 tazas de caldo de pollo
2 tazas de cerveza
4 onzas de jamón de cocinar cortado en trocitos
½ taza de pimientos morrones picaditos
½ taza de guisantes
Sal y adobo a gusto

Arroz con Pollo

Una receta muy tradicional de nuestra cocina, que siempre es bienvenida en cualquier comida familiar. Mi abuelita le añadía cerveza, que le da un sabor riquísimo. Si no te gusta la cerveza, simplemente sustitúyela por caldo de pollo.

Preparación: 5–10 minutos
Cocción: 25–30 minutos

Sazona el pollo con la sal y el adobo. En un caldero u olla, dora las piezas de pollo en el aceite de oliva. Cocina tapado a fuego medio durante 10 a 12 minutos. Agrega el resto de los ingredientes, menos los pimientos morrones y los guisantes. Revuelve todos los ingredientes de manera que se incorporen y hierve. Reduce el fuego a bajo y cocina tapado durante 15 a 20 minutos hasta que el arroz esté tierno. Sirve el arroz con los pimientos morrones y los guisantes.

4 porciones

2 ½ libras de filete de res en pedazos de 2 ½ pulgadas de ancho (5–6 onzas cada uno aproximadamente)

1 cucharadita de aceite de oliva

1 taza de setas (las de tu preferencia) picaditas sin sus tallos

1 taza de cebolla lila picadita

1 cucharada de ajo machacado

1 cucharadita de mantequilla

2 hojas de "puff pastry" (hojaldre)

1 huevo batido

Sal y pimienta a gusto

Beef Wellington Continental y Criollo

Un clásico de la cocina internacional. Es un plato muy elegante y mi favorito de todos los tiempos. ¡Yo muero por un Beef Wellington bien hecho! Es ideal si te gusta sorprender a tus amistades, ya que tradicionalmente se servía en actividades formales. La receta tradicional lleva paté de hígado (foie gras). Si no te gusta lo puedes sustituir por cebollas y setas. Si quieres algo criollito, le puedes poner mofongo y queso del País en su lugar, para lograr un "beef- Wellington Criollo".

Preparación: 15–20 minutos
Cocción: 15–20 minutos

Precalienta el horno a 400 grados. Sazona el filete con sal y pimienta. En una sartén a fuego alto, dora el filete en el aceite de oliva y deja reposar.

En la sartén sofríe las setas, las cebollas y el ajo en la mantequilla hasta que estén translúcidos; unos 2 minutos. Corta 8 círculos de hojaldre una pulgada mas grande que el filete. Coloca los filetes en cada círculo y ponle un poquito del relleno sobre el filete. Cubre con otro círculo de hojaldre. Cierra el paquete como quien envuelve un regalo usando una brochita y el huevo batido como pega. Una vez listo, pinta con el huevo y hornea de 15 a 20 según cuán cocida te guste la carne y hasta que se dore el hojaldre. Deja reposar unos minutos para que todos los jugos se asienten y sirve.

2 libras aproximadamente

2 libras de carne molida de res*
1 cebolla picadita
3 cucharaditas de ajo machacado
½ taza de sofrito
3 cucharaditas de aceite de oliva
½ taza de salsa de tomate
¼ taza de cilantrillo picadito
¼ taza de recao picadito
Sal y pimienta a gusto
pimientos

Carne Molida

Una receta que se usa de mil formas para varias de las recetas del libro. Esta carne puede prepararse de antemano y guardarla en la nevera hasta 2 días, y hasta un mes si la congelas.

Preparación: 0–5 minutos
Cocción: 15–20 minutos

En una sartén a fuego medio alto, sofríe en el aceite de oliva la cebolla, el ajo y el sofrito. Agrega la carne y dora. Agrega el resto de los ingredientes y cocina unos 15 a 20 minutos, hasta que la carne pierda su color rosado y esté cocida.

* Si quieres algo diferente, puedes usar la mitad de carne de res y la mitad de carne de cerdo. De igual forma, puedes usar carne de ternera, de pavo o de pollo molida por aquello de cortar calorías y grasa.

Pimientos rellenos:
Corta los pimientos a la mitad. Remueve las semillas y membranas, y cubre con aceite de oliva. Sazona con sal. Rellénalos con la carne molida y hornea durante 10 a 12 minutos.

4 porciones

2 libras de lomo de cerdo cortado en cubitos
6 tazas de manteca
El jugo de 4 chinas
Las ralladuras de 2 chinas
2 cebollas peladas y cortada en trozos
1 lata de refresco
Sal a gusto

Carnitas Mexicanas

Hace poco estuve en México y una de mis recetas favoritas son las carnitas. Esta es mi versión de la que ellos preparan. Aunque tiene muchas calorías es divina, así que de vez en cuando se puede hacer el desarreglo. Sírvelas con tortillas, guacamole, quesito, lechuga y tomate.

Preparación: 5–10 minutos
Cocción: 1–1½ horas

En una olla grande, derrite la manteca y añade el resto de los ingredientes. Tapa y cocina a fuego bajo durante 1 a 1½ horas removiendo de vez en cuando para que no se pegue. A partir de los primeros 45 minutos, ve probando pedacitos hasta que la carne se desmenuce sola.

4 Porciones

2 libras de chuletas de ternera o de cordero*
¼ taza de aceite de oliva
2 cucharaditas de ajo en polvo
2 cucharaditas de albahaca seca**
2 cucharaditas de romero seco**
2 cucharaditas de orégano seco**
Sal y pimienta a gusto

Chuletas Cubiertas con Hierbas

Elegante y sencillo; perfecto para impresionar a tus invitados o simplemente prepararlo para ti en cualquier momento. Puedes hacer la misma receta usando chuletas de cerdo.

Preparación: 0–5 minutos
Cocción: 10–15 minutos

Usando el aceite de oliva y una brochita, pinta las chuletas por ambos lados. En un plato aparte, combina el resto de los ingredientes. Presiona las chuletas en esta mezcla. Cocina en una parrilla precalentada o barbacoa durante 8 a 15 minutos por cada lado. Según te gusten de cocidas (*rare*, *medium* o *well*) debes cocinarlas más o menos tiempo.

También las puedes cocinar en un horno precalentado a 350 grados durante 4 a 8 minutos por lado.

* Puedes hacer esta misma receta usando chuletas de cerdo o ternera.

** En lugar de usar todas estas hierbas puedes usar "Italian seasoning". Es una mezcla de diferentes hierbas secas italianas. Se consigue en el supermercado en el área de las hierbas y especias.

4 porciones

Para las chuletitas:

2 libras de chuletitas de cerdo deshuesadas y ahumadas*

2 cucharaditas de aceite de oliva

Adobo a gusto

Para la salsa de pimientos morrones:

2 tazas de pimientos morrones con todo y líquido en el que vienen enlatados

⅛ taza de aceite de oliva

2 cucharaditas de ajo machacado

Sal y pimienta a gusto

Chuletitas de Cerdo Ahumadas en Salsa de Pimientos Morrones

Una receta para cualquier día de la semana cuando no tienes tiempo, pero quieres comer algo bien rico.

Preparación: 0–5 minutos
Cocción: 5–10 minutos

Para hacer las chuletitas:

En una sartén a fuego medio, calienta las chuletitas de cerdo con el aceite de oliva y sazona con el adobo. Cocina durante 5 a 6 minutos.

Para hacer la salsa de pimientos morrones:

Coloca todos los ingredientes en un recipiente hondo. Procesa con un procesador de manos eléctrico (*hand blender*) hasta formar una salsa. Cocina en una olla a fuego medio durante 3 a 4 minutos. Sirve con las chuletitas.

* Estas chuletitas de cerdo, las consigues en muchos supermercados listas para comerse. La ventaja es que no tienes que pasar tiempo cocinándolas y son bajas en grasa. Si no las encuentras, siempre puedes hacer la receta usando chuletas regulares, sólo que se van a demorar más en cocinarse.

4 porciones

2 libras de churrascos

Sal y pimienta a gusto

Aceite de oliva o aerosol de cocinar

Porción 1½ tazas aproximadamente

1 ½ tazas de perejil fresco picadito (sin los tallos)

3 cucharaditas de vinagre

¼ taza de aceite de oliva

½ cucharadita de azúcar

2 cucharadas de ajo machacado

Sal y pimienta a gusto

Churrasco con Salsa Chimichurri

Clásico y delicioso; es la mejor importación que ha tenido Argentina. Sírvelo con salsa chimichurri, unas papitas al horno… y es fabuloso. El chimichurri es la salsa ideal para un churrasco o una pechuga de pollo a la plancha. Lo puedes preparar y guardarlo en la nevera durante unos días. Si quieres algo un poquito diferente, le puedes añadir tomates frescos picaditos y otras hierbas como albahaca, recao y cilantrillo.

Preparación: 0–5 minutos
Cocción: 15–20 minutos

Para preparar los churrascos:
Sazona los churrascos con sal y pimienta. Rocía la parrilla con aerosol de cocinar o cubre con el aceite de oliva. Cocina a fuego medio alto durante 15 a 20 minutos, hasta que la carne se dore y llegue al punto de cocción de tu preferencia.

Preparación: 0–5 minutos
Cocción: 0 minutos

Para preparar el chimichurri:
Combina todos los ingredientes en un procesador eléctrico de alimentos o una licuadora.

4 porciones

4 libras de churrasco*
2 latas de cerveza**
¼ taza de mostaza Dijon***
⅛ taza de ajo machacado
Sal y pimienta a gusto

Churrasco Marinado en Cerveza

Una receta de esas que suenan como de hombre... especialmente popular durante juegos, peleas de boxeo y para hacerla en un BBQ en la playa. La puedes preparar como aperitivo, cortándolos en tiritas o como plato principal. Sin lugar a dudas, la favorita de muchos de mis amigos.

Preparación: 0–5 minutos
Cocción: 15–20 minutos

Coloca todos los ingredientes en una bolsita de cierre hermético. Ponla en la nevera y deja marinar durante una hora, o de un día para otro, moviendo los churrascos de vez en cuando para que se impregnen con los sabores. Cocina en la parrilla o en la sartén de 15 a 20 minutos, según cuán cocida te guste la carne.

* También puedes utilizar pollo o pavo.
** Puedes usar cualquier cerveza que te guste. A mí me gustan las cervezas oscuras ya que tienen más sabor.
*** Puedes usar cualquier mostaza que tengas y que te guste. Mi favorita es la Dijon por el sabor tan fuerte y particular que tiene.

4-6 porciones

2–3 libras de filete de res limpio
2 cucharadas de ajo machacado
6-8 ramitas de romero
⅛ taza de aceite de oliva
Sal y pimienta a gusto

Filete de Res con Romero

Preparación: 5–10 minutos
Cocción: 20–30 minutos

Precalienta el horno a 350 grados. Usa tus manos para cubrir el filete con el aceite de oliva, el ajo machacado, la sal y pimienta. Finalmente, cubre con las hojitas de romero.

Dora en una sartén a fuego bien alto por todos lados. Transfiere a un molde de horno y hornea de 20 a 30 minutos, según cuán cocida te guste la carne. También puedes usar una sartén que pueda meterse en el horno y así evitas usar el molde de horno.

4 porciones

Para el filete de cerdo:

2 libras de filete de cerdo

Sal y pimienta a gusto

Para la mermelada:

6 tomates cortados en trocitos sin las semillas

1 taza de mermelada de china

2 cucharaditas de vinagre de vino de arroz

½ taza de cebolla picadita bien pequeñita

1 cucharadita de jengibre fresco machacado

Para decorar:

Kumquats o cáscaras de china

Filete de Cerdo con Mermelada de Tomate

Yo soy fanática de la carne de cerdo y esta combinación es realmente maravillosa. Si quieres algo fuera de este mundo, puedes decorarlo con Kumquats, una frutita muy exótica que a veces consigues en el supermercado (se sirve entera, con todo y cáscara). De lo contrario, unas tiritas de cáscara de china hacen el mismo efecto.

Preparación: 5–10 minutos
Cocción: 25–30 minutos

Para hacer el filete:

Sazona el filete con sal y pimienta. Cocínalo en una sartén o en la barbacoa durante 25 a 30 minutos hasta que se dore y la temperatura interna registre 155° F en un termómetro de cocinar. Sirve con la mermelada y decora con los *kumquats* o las tiras de china.

Preparación: 0–5 minutos
Cocción: 20–25 minutos

Para hacer la mermelada:

En una olla cocina todos los ingredientes a fuego medio durante 20 a 25 minutos, moviendo de vez en cuando hasta que los ingredientes se incorporen y tengan consistencia de mermelada.

4 porciones

Para la lasaña:
1 caja (1 libra) de lasaña hervida
3 tazas de carne molida preparada
2 tazas de salsa bechamel*
1 ½ tazas de queso ricota
2 tazas de tomates cortados en trocitos**
⅛ taza de especies italianas mezcladas***
3 tazas de quesos mezclados ****
Sal y pimienta a gusto
Aerosol de cocinar

Para la salsa Bechamel:
2 cucharadas de mantequilla
1 cucharada de harina
1 taza de leche
Sal y pimienta blanca a gusto

Lasaña de Carne con Salsa Bechamel

Una lasaña un poquito fuera de lo común. Perfecta si tienes muchos invitados y no quieres pasar demasiado trabajo. La salsa bechamel es una de las más básicas de la cocina. A esta base le puedes añadir quesos y otros ingredientes como jamón, camarones y hasta vegetales para variaciones fabulosas y muy ricas.

Preparación: 15–20 minutos
Cocción: 20–25 minutos

Precalienta el horno a 350 grados. En un molde para lasaña, rocía con aerosol de cocinar. Coloca la pasta de manera que cubra el fondo del molde. Pon una capa de carne, otra de salsa bechamel y una de tomates. Agrega las especies italianas y cubre con el queso ricota. De aquí en adelante es cuestión de colocar los ingredientes en capas, siempre agregándole salsa luego de una capa de pasta. La capa final se cubre con los quesos. Hornea durante 20 a 25 minutos, hasta que el queso esté derretido. Deja reposar unos minutos antes de cortarla y servirla.

* Si lo deseas puedes usar la salsa blanca que ya viene preparada.
** Puedes usar los que vienen enlatados.
*** Lo consigues en el supermercado ya mezclados bajo el nombre de "Italian seasoning" o puedes hacer tus propias combinaciones de especies italianas que te gusten.
**** Estos quesos vienen en bolsitas ya mezclados o puedes combinar varios tipos de quesos que te agraden.

Preparación: 0–5 minutos
Cocción: 5–10 minutos

Salsa bechamel:

En una sartén honda o una olla, a fuego medio alto, derrite la mantequilla. Con un batidor de mano incorpora la harina (esto se conoce como *roux*). Poco a poco incorpora la leche, siempre batiendo con el batidor de mano hasta que espese (unos 5 minutos aproximadamente). Sazona con sal y pimienta blanca.

4 porciones

4 pechugas de pollo
½ taza de aderezo Caesar preparado (del frasco que se vende comercialmente)
Pimientos morrones picaditos para decorar

Pechuga de Pollo Caesar

Una receta para cuando no tengas tiempo de cocinar, pero quieras impresionar a todos. Puedes servir con pasta o con ensalada, si quieres algo más liviano.

Preparación: 0–5 minutos
Cocción: 15–20 minutos

Precalienta el horno a 350 grados. Coloca las 4 pechugas de pollo en un molde de horno enmantequillado y cubre con el aderezo Caesar. Hornea de 15 a 20 minutos a 350 grados.

4 porciones

6 plátanos maduros pelados
1 ½ libras de carne molida básica preparada
2 claras de huevo
¼ taza de agua
1 cucharadita de harina
2 cucharaditas de recao picadito
1 cucharadita de cilantrillo picadito
½ cucharadita de ajo en polvo
Sal y pimienta a gusto
Aerosol de cocinar

Piononos

Esta es otra de mis recetas favoritas de nuestra fabulosa cocina boricua. Esta es mi versión; son horneados en lugar de fritos. Si quieres una alternativa gourmet, puedes sustituir la carne molida por queso ricota con proscuitto, chorizo y albahaca. De igual forma, puedes rellenarlos con cualquier mezcla o ingrediente que te guste. Lo importante es que el relleno tenga consistencia.

Preparación: 15–20 minutos
Cocción: 25–30 minutos

Precalienta el horno a 375 grados. Corta los plátanos a lo largo en tajadas finitas (yo uso un pelador de papas o un cuchillo y lo hago con mucho cuidado). Rocía una bandeja con aerosol de cocinar y hornéalo por 10 minutos. Remueve los plátanos y déjalos enfriar un poco. Si no te preocupan las calorías, puedes freírlos en mucho aceite hasta que se doren y estén cocidos.

Engrasa un molde para *cup cakes* utilizando el aerosol de cocinar. En un recipiente, mezcla la clara con el agua y la harina hasta formar una mezcla suave. Añade el recao, el cilantrillo y el ajo. Pon un poquito de la mezcla en el fondo de cada molde. Coloca las tiritas de plátano cocidas en cada *cup cake* de manera que cubra a vuelta redonda cada moldecito. Añade un poquito de carne molida. Cubre con más mezcla y hornea durante 15 a 20 minutos, hasta que se doren. Una vez cocidos, deja enfriar unos minutos fuera del horno y pasa un cuchillito alrededor de cada mini pionono. Viértelos en un plato, decora con unas hojitas de cilantrillo y recao.

4 porciones

4 pechugas de pollo cortadas en tiritas
2 cucharaditas de aceite de oliva
2 pimientos verdes cortados en tiritas
1 cebolla cortada en tiritas
2 cucharaditas de ajo machacado
¾ taza de agua
3 cucharadas de salsa hoisin*
3 cucharaditas de maicena diluida en ¾ taza de agua
⅛ taza de salsa de soya
Sal a gusto

Pollo Oriental con Pimientos (Pepper Chicken)

Si te gusta la comida oriental, esta receta te encantará. Es muy fácil de preparar y a la vez riquísima. Aparte de usar pollo, puedes usar carne, vegetales, o mariscos.

Preparación: 0–5 minutos
Cocción: 10–15 minutos

En una sartén (o *wok*), sofríe en el aceite de oliva, el pollo, los pimientos y la cebolla. Agrega el agua y la salsa hoisin y deja cocinar unos 5 minutos. Añade el resto de los ingredientes y cocina hasta que se espese la salsa.

* La salsa hoisin es un tipo de salsa oriental de que viene preparada en frascos. La consigues en muchos supermercados en el área de productos orientales o en supermercados que venden productos *gourmet*.

4 porciones

2 libras de churrasco
4 onzas de queso de cabra
4 cucharadas de albahaca fresca picadita
Sal y pimienta a gusto
Aceite de oliva o aerosol de cocinar

Roulade (Rollitos) de Churrasco con Queso de Cabra

Una receta maravillosa para un día que tengas que impresionar y no dispongas de mucho tiempo. Se prepara en minutos, pero parece y sabe como si la hubieran hecho en un restaurante de cinco estrellas.

Preparación: 5–10 minutos
Cocción: 15–20 minutos

Precalienta el horno a 375 grados. Sazona los churrascos con sal y pimienta. En una sartén muy caliente con un poquito de aceite de oliva, dora el churrasco por ambos lados. Cubre uno de los lados con el queso de cabra y la albahaca. Enrolla y amarra con hilo o palillos. Hornea durante 15 a 20 minutos hasta que se cocinen al grado de cocido (*rare*, *medium*, o *well*) que más te guste.

4 porciones

2 cucharaditas de aceite de oliva

4 pechugas de pollo abiertas en mariposa*

2 tazas de pimientos rojos morrones

4 tallos de ajo puerros**

4 lascas de queso mozzarella

12 onzas (1 paquete) de tocineta

Sal y pimienta a gusto

Roulade (Rollitos) de Pollo Rellenos de Ajo Puerro

Una receta que puedes servir como plato principal o aperitivo. Se ve bien elegante y si tienes la habilidad para hacer un sándwich, puedes preparar estos rollitos de pollo relleno.

Preparación: 5–10 minutos
Cocción: 30–35 minutos

Para hacer las pechugas:

Precalienta el horno a 375 grados. Unta aceite de oliva en las pechugas y sazona con sal y pimienta. Coloca uno de los tallos de ajo puerros, una lasca de queso y medio pimiento morrón. Enrolla y envuelve con la tocineta, de manera que la pechuga esté totalmente cubierta coloca en una bandeja de horno rociada con aerosol de cocinar. Hornea durante 30 a 35 minutos. Voltea para que la tocineta se dore por el otro lado. Deja reposar unos minutos y corta en tajadas. Se puede servir frío o caliente.

Para preparar los ajos puerros:

Unta aceite de oliva sobre los ajos puerros. Sazona con sal y pimienta. Hornea durante 10 a 12 minutos a 375 grados.

* Esta receta la puedes hacer usando carne o pavo en lugar de pollo y rellenarlo de cualquier ingrediente que te guste, desde otros quesos hasta zanahorias y chorizos.

** Al ajo puerro, se le dice *leek* en inglés. Es un vegetal que tiene un tallo y unas hojas grandes. El tallo es lo que se usa para cocinar. Para esto, debes cortar las raíces (si las tiene), cortar las hojas y finalmente limpiar bien el tallo con mucha agua.

4 porciones de ½ taza cada una

Para las tiritas de pollo:
1 ½ tazas de galleta molida
2 cucharadas de perejil seco
2 huevos batidos
2 libras de pechugas de pollo deshuesadas o de tenderloins de pollo*
Sal y pimienta a gusto
Aceite para freír

Para salsa roja básica:
2 tazas de tomates enlatados enteros con su jugo
1 taza de jugo de tomate
1 taza de cebollas picaditas
⅛ taza de ajo machacado
¼ tazas de perejil
4 cucharadas de orégano seco
4 cucharadas de albahaca seca
⅛ taza de aceite de oliva
Sal y pimienta a gusto

Tiritas de Pollo Fritas con Espagueti en Salsa Roja

Esta es otra de esas recetas maravillosas y sencillas. Es especialmente popular para familias con hijos, ya que a los niños les encantan los famosos "nugetts". Puedes servirla con salsa roja básica, que también es sencilla y muy práctica. La puedes usar para pastas, así como servirla con pollo o mariscos.

Preparación: 5–10 minutos
Cocción: 5–10 minutos

Sazona las pechugas con sal y pimienta. Combina la galleta molida con el perejil y sazona igualmente con sal y pimienta. Coloca los huevos batidos y la galleta molida en platos o envases hondos. Pasa las pechugas por el huevo y luego por la galleta molida. Fríe** durante 5 a 6 minutos en aceite caliente, pero no hirviendo, hasta que estén cocidas y se doren.

* Los *tenderloins* son parte de la pechuga de pollo, que algunas compañías de pollo venden por separado. Si no los consigues, pueden usar pechugas cortadas en tiritas. Simplemente son pedacitos de pollo más finitos que la pechuga, pero saben igual.

** Si quieres cortar calorías, en lugar de freír puedes hornear las pechugas a 375 grados durante 15 a 20 minutos y voltearlas a mitad de tiempo de cocción.

Preparación: 0–5 minutos
Cocción: 15–20 minutos

Salsa Roja Básica:
En una olla cocina todos los ingredientes a fuego medio bajo. Remueve de vez en cuando para que no se pegue. Cocina durante 15 a 20 minutos. Sirve con espagueti hervido.

Acompañantes

capítulo 4

ñantes

Acompañantes

Arroz Blanco (Receta Básica).... 102	Habichuelas Rojas (Receta Básica)................ 108
Arroz Congrí............... 102	Majado de Calabaza......... 109
Arroz Festivo............... 103	Mazorcas de Maíz Hervidas.... 110
Arroz Frito................. 103	Mofongo de Yuca o Plátano..... 110
Arroz con Gandules Instantáneo... 104	Papas Majadas con Ajo Horneado................. 111
Arroz Guisado.............. 104	Papas Wedge Picantitas....... 112
Arroz Jazmín............... 105	Plátanos en Tentación........ 113
Arroz Mamposteao.......... 105	Tostones.................. 114
Broccoli Salteado con Pimientos Morrones................. 106	Trilogía de Pimientos......... 115
Chips de Malanga, Yuca y Batata.................. 106	Vegetales Julienne.......... 116
Cebollas Empanadas en Cerveza (Onion Rings)........ 107	Yautía Lila Majada con Jamón... 117
Cebollas Lila con Recao....... 107	Yuca Frita................. 118
Coleslaw.................. 108	Zanahorias Baby en Glaceado de Ron................... 119

Arroz Blanco (Receta Básica)

4 porciones

4 tazas de agua
1 cucharadita de aceite de oliva
2 tazas de arroz grano largo o mediano*
Sal a gusto

Preparación: 0–5 minutos   Cocción: 20–25 minutos

En una olla, hierve el agua con el resto de los ingredientes. Tapa, baja el fuego y cocina durante 20 a 25 minutos. Retira del fuego y deja reposar unos minutos.

* Si es grano mediano, usa 3 tazas de agua y 2 de arroz.

Arroz Congrí

4 porciones

½ taza de tocineta cortada en pedacitos pequeños
2 tazas de arroz blanco grano largo
1 cucharadita de aceite de oliva
2 latas de habichuelas negras con todo y su caldo
1 ½ tazas de caldo de pollo
2 cucharadas de sofrito preparado
Sal y pimienta a gusto

Preparación: 0–5 minutos   Cocción: 20–25 minutos

En una olla a fuego medio alto, sofríe la tocineta en el aceite de oliva durante 2 minutos. Agrega el arroz y sofríe durante 1 minuto hasta que el esté cubierto con la grasita de la tocineta. Incorpora el resto de los ingredientes, remueve y tapa. Cocina a fuego bajo durante 20 a 22 minutos, hasta que el arroz esté tierno.

Arroz Festivo

4 porciones

1 taza grande de tocineta picadita
2 cebollas picaditas
2 cucharaditas de ajo machacado
⅛ taza de aceite de oliva
2 tazas de arroz grano largo preparado
¾ taza de perejil picadito
Sal y pimienta a gusto

Preparación: 0–5 minutos   *Cocción: 10–15 minutos*

En una sartén, sofríe la tocineta. Cuando esté a medio cocer añade las cebollas, el ajo machacado y el aceite de oliva. Echa el arroz y combina con el resto de los ingredientes. Finalmente, añade el perejil, sazona con sal y pimienta y déjalo cocinarse durante 10 a 15 minutos hasta que el arroz esté tierno.

Arroz Frito

4 porciones

½ taza de cebolla picadita
½ taza de pimientos verdes
½ taza de jamón picadito
1 cucharadita de ajo machacado
2 tazas de arroz blanco cocinado grano largo
3 cucharaditas de aceite de oliva
¼ taza de salsa de soya
½ taza de bean sprouts*
¾ taza de camarones pequeñitos
¼ taza de cebollines picaditos
1 huevo batido
Sal y pimienta a gusto

Preparación: 0–5 minutos   *Cocción: 5–10 minutos*

En una sartén a fuego medio alto, sofríe la cebolla, con los pimientos verdes, el ajo y el jamón en el aceite de oliva. Esto te debe tomar unos 5 minutos. Agrega el arroz y la salsa de soya. Finalmente, añade los *bean sprouts*, los camarones y los cebollines, y cocina otros 3 minutos. Retira del fuego y añade el huevo batido hasta que se cocine con el calor del arroz.

* Los *bean sprouts* son unos vegetales orientales que consigues frescos o enlatados. Si son frescos, a veces les tienes que cortar la raíz (si es que la tienen) y, por supuesto, lavarlos. Si son enlatados, sencillamente elimínales el agua en la que vienen.

Arroz con Gandules Instantáneo

4 porciones

2 tazas de arroz amarillo cocido*
¼ taza de jamón para cocinar picadito
1 cucharadita de aceite de oliva
1 lata de gandules
1 sobrecito de sazón
2 cucharadas de sofrito preparado
2 cucharaditas de recao bien picadito
2 cucharaditas de cilantrillo bien picadito
Sal y pimienta a gusto

Preparación: 0–5 minutos   Cocción: 5–10 minutos
(Ya que el arroz está cocido)

En una sartén, sofríe el arroz y el jamón en el aceite de oliva durante 2 minutos. Agrega el resto de los ingredientes y cocina a fuego medio durante 5 a 8 minutos, hasta que todos los ingredientes se incorporen.

* Puede ser de los que vienen en bolsitas o cajitas, o usar arroz que te haya sobrado del día anterior.

Arroz Guisado

4 porciones

⅛ taza de sofrito con achiote
2 cucharadas de ajo machacado
1 cucharadita de aceite de oliva
1 taza de agua
2 tazas de caldo de pollo
2 tazas de arroz grano mediano
Sal a gusto*

Preparación: 0–5 minutos   Cocción: 20–25 minutos

En una olla o caldero** a fuego medio alto, sofríe el sofrito y el ajo con el aceite de oliva durante 2 minutos. Agrega el arroz y saltea durante un minuto, hasta que el arroz se cubra con el sofrito y el ajo. Agrega el agua y el caldo de pollo. Sazona con la sal. Hierve, tapa, ponlo a fuego bajo y cocina durante 20 a 25 minutos hasta que el arroz esté tierno. Retira del fuego y deja reposar unos minutos.

* Cuidado con la sal, ya que por lo general el caldo de pollo tiene mucha sal, sobre todo si es de lata o hecho con cubitos.

** Aquí sí que es verdad, yo creo que los calderos tienen un sabor añadido que no tiene precio. Como que el sabor es diferente cuando haces arroz en uno de estos. Si no lo tienes, puedes hacer el arroz en una olla.

Arroz Jazmín

4 porciones

2 tazas de arroz jazmín
3 tazas de agua
Sal a gusto

Preparación: 0–5 minutos   Cocción: 20–25 minutos

En una olla, hierve el arroz con el agua. Reduce el fuego y tapa. Deja cocinar a fuego bajo durante 20 minutos. Remueve del fuego y deja reposar durante 10 minutos.

Arroz Mamposteao

4 porciones

2 tazas de arroz blanco cocido
1 cucharadita de aceite de oliva
1 lata de habichuelas rojas preparadas
2 cucharadas de sofrito
Sal y pimienta a gusto

Preparación: 0–5 minutos   Cocción: 10–15 minutos

En una sartén, sofríe el arroz en el aceite de oliva durante 2 minutos. Agrega el resto de los ingredientes, tapa y cocina a fuego medio durante 10 a 15 minutos removiendo de vez en cuando.

Broccoli Salteado con Pimientos Morrones

4 porciones

2 tazas de broccoli

4 cucharaditas de mantequilla

⅛ taza de ajo pelado y cortado en tajadas

1 taza de pimientos morrones cortados en tiritas

Sal y pimienta a gusto

Agua

Preparación: 0–5 minutos   Cocción: 5-10 minutos

En una sartén a fuego medio alto, hierve el broccoli en suficiente agua de manera que estén cubiertos. Cocina durante 2 minutos y remueve el agua restante. Pásalos por agua fría y reserva. En la misma sartén, saltea el ajo con la mantequilla durante 3 a 5 minutos hasta que se doren y estén tiernos. Agrega el resto de los ingredientes, y cocina otros 2 minutos.

Chips de Malanga, Yuca y Batata

4 porciones

1 malanga pelada

1 yuca pelada

1 batata pelada

Sal y paprika a gusto*

Aceite o manteca para freír

Preparación: 0–5 minutos   Cocción: 0–5 minutos

Pela los tubérculos y corta en lasquitas finitas. Puedes hacerlo con un cuchillo o con guayo por la parte de hacer lascas. Fríe en aceite caliente o manteca durante 30 segundos a un minuto hasta que se doren. Deja escurrir en papel toalla y tan pronto las saques, sazona con la sal y la paprika.

* Ver definición de paprika en la página 154.

Cebollas Empanadas en Cerveza (Onion Rings)

4 porciones

2 cebollas lila*
1 ½ tazas de harina de trigo todo propósito "all purpose"
1 ½ tazas de cerveza
Aceite de freír o manteca**
Sal y pimienta a gusto

Preparación: 5–10 minutos   Cocción: 0–5 minutos

Corta la cebolla en rodajas. En un recipiente hondo mezcla con un batidor de mano o con una batidora la harina y la cerveza para lograr una mezcla de la consistencia de panqueques. Coloca las rodajas en la mezcla asegurándote de que estén bien cubiertas por la mezcla. En una freidora (*deep fryer*) con aceite bien caliente, fríe las cebollas hasta que estén doraditas. Coloca en papel toalla y sazona con la sal tan pronto las saques.

* A mí me gustan más estas, debido a que tienen un color tan bonito como el lila, y su sabor es más suave que las otras. Si no tienes las violetas, las puedes hacer con cualquier cebolla que tengas.

** La manteca hará que queden más crujientes.

Coleslaw

8 porciones

1 ½ tazas de mayonesa
1 pote (8 onzas) de crema agria
¼ taza de eneldo picadito
1 cucharadita de azúcar
⅛ taza de agua
½ repollo violeta picadito muy finito
½ repollo verde picadito muy finito

Preparación: 5–10 minutos   Cocción: 0 minutos

En un recipiente, combina todos los ingredientes menos el repollo. Un vez mezclado, agrega a la mezcla de repollo de manera que todo el repollo quede cubierto con la mezcla.

Habichuelas Rojas (Receta Básica)

4 porciones

¼ taza jamón de cocinar picadito
1 taza de cebolla picadita
2 latas de habichuelas rojas*
2 cucharaditas de aceite de oliva
¼ taza de salsa de tomate
2 cucharaditas de ajo machacado
½ taza de calabaza picadita
¼ taza de recao picadito
⅛ taza de cilantrillo picadito
Sal y pimienta a gusto

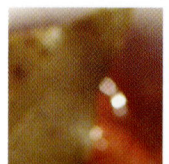

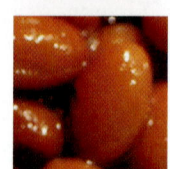

Preparación: 0–5 minutos   Cocción: 20–25 minutos

En una olla sofríe el jamón en el aceite de oliva. Añade la cebolla y deja dorar durante dos minutos. Añade el resto de los ingredientes y cocina a fuego medio bajo durante 20 a 25 minutos, removiéndolas de vez en cuando.

* Usualmente las habichuelas en lata tienen mucho sodio. Si lo deseas puedes pasarlas por agua para eliminar una parte.

4 porciones

2 libras de calabaza sin cáscara picada en trocitos pequeños*
3 cubitos de caldo de jamón
6 tazas de agua
3 cucharadas de extracto de vainilla
⅛ taza de mantequilla**
Sal y pimienta a gusto

Majado de Calabaza

Preparación: 0–5 minutos
Cocción: 20–25 minutos

En una olla a fuego alto, cocina la calabaza con el caldo de jamón y el agua. Hierve hasta que la calabaza esté tierna, unos 20 a 25 minutos. Remueve el agua que haya quedado. Agrega el resto de los ingredientes y une con un majador de papas o un procesador eléctrico manual (*hand blender*).

* Para picar la calabaza, usa un cuchillo pequeño para remover la cáscara. Haz lo mismo con las semillas.

** Si estás controlando las calorías, obvia la mantequilla.

Mazorcas de Maíz Hervidas

4 porciones

4 mazorcas de maíz congeladas cortadas en 3-4 pedazos

Sal y pimienta a gusto

Preparación: 0–5 minutos   Cocción: 20–25 minutos

En una olla con mucha agua, hierve las mazorcas durante 20 a 25 minutos hasta que el maíz esté tierno.

Mofongo de Yuca o Plátano

4 porciones

6-8 plátanos verdes o 3 libras de yuca

6 cucharadas de aceite de oliva

4 cucharadas de mantequilla de ajo con hiervas

½ taza de chicharrones picados en trocitos

⅛ - ¼ taza caldo de pollo (según cuan mojadito te guste el mofongo)

Sal y pimienta a gusto

Preparación: 10–15 minutos   Cocción: 10–15 minutos

Pela los plátanos o la yuca y corta en trocitos de 1 pulgada de espesor. En una sartén a fuego medio, dora en el aceite de oliva durante 10 a 15 minutos hasta que se cocinen. Coloca en un pilón y añade un poquito del caldo y un poquito de la mantequilla de ajo con hiervas. Machaca e incorpora los chicharrones hasta que todos los ingredientes se mezclen. Pasa un cuchillo por el borde el pilón y desmolda.

4 porciones

4 papas* peladas, cortadas en trocitos y hervidas
1 cabeza de ajo
2 cucharaditas de aceite de oliva
Papel de aluminio
¼ taza de mayonesa sin grasa
2 onzas (¼ de paquete) de queso crema
Sal y pimienta a gusto

Papas Majadas Con Ajo Horneado

Preparación: 5–10 minutos   Cocción: 20–25 minutos

Precalienta el horno a 375 grados.

Para hacer el ajo horneado:
Corta una tajada de la cabeza de ajo. Cubre con aceite de oliva, y sazona con la sal y pimienta. Envuelve con el papel de aluminio y hornea durante 20 a 25 minutos hasta que esté suave. Deja enfriar, luego presiona cada diente y reserva. Con un majador de papas, maja las papas y añade el ajo horneado. Agrega la mayonesa y el queso crema, y sazona con la sal y pimienta.

* Puedes usar cualquier papa que te guste. A mí me gustan mucho las de hornear, así como las rojas, conocidas como *red bliss*. En lo personal prefiero dejarles la cáscara, ya que a parte de darle color y textura es donde más minerales y proteínas hay. Eso sí, si le vas a dejar la cáscara, asegúrate de lavarlas bien —Yo las lavo con una esponjita y jabón— con un cuchillito. Quítales cualquier cosita que no te guste. Algo importante es que cuando las cortes, trates de que todos los pedacitos sean más o menos del mismo tamaño, para que se cocinen al mismo tiempo.

4 porciones

4 papas grandes lavadas
2 cucharaditas de mantequilla
⅛ taza de aceite de oliva
4 cucharadas de paprika
2 cucharadas de red pepper flakes molidos
1 cucharadita de polvo de chilli
Sal y pimienta a gusto

Papas Wedge Picantitas

Preparación: 10–15 minutos
Cocción: 40–45 minutos

Precalienta el horno a 400 grados. Corta las papas a lo largo para hacer tajadas; según el tamaño de la papa te van a salir más o menos tajadas. En un recipiente combina el aceite de oliva con la paprika, los *red pepper flakes*, el polvo de chilli, la sal y la pimienta. Agrega las papas y une para que se cubran con la mezcla. Coloca en una bandeja de horno y hornea durante 40 a 45 minutos hasta que las papas estén tiernas y doraditas.

4 porciones

3 plátanos bien maduros
½ barrita de mantequilla
½ taza de azúcar
3 palitos de canela
1 cucharada de extracto de vainilla
Agua

Plátanos en Tentación

Preparación: 0–5 minutos
Cocción: 10–15 minutos

En una sartén, derrite la mantequilla a fuego medio. Sofríe los plátanos y añade suficiente agua, de manera que cubra los plátanos. Agrega el resto de los ingredientes y cocina de 10 a 15 minutos hasta que se haga un caramelo suave.

4 porciones

3 plátanos verdes pelados cortados en trozos de
1 ½ pulgadas de ancho
Aceite de maíz para freír o manteca
Sal o adobo a gusto

Tostones

Preparación: 0–5 minutos
Cocción: 5–10 minutos

Fríe los platanos en una sartén o freidora con aceite caliente, pero no hirviendo durante de unos 6 a 8 minutos. Remueve del sartén y deja escurrir en papel toalla. Aplasta y vuelve a freír, esta vez con el aceite bien caliente. Sazona con sal tan pronto las saques.

Para pelar los plátanos: con un cuchillo haz 3-4 cortes a lo largo del plátano. Con una cuchara grande, entra en los cortes y pélalos bajo el agua.

4 porciones

1 pimiento verde cortado en trozos sin las semillas
1 pimiento amarillo cortado en trozos sin las semillas
1 pimiento rojo cortado en trozos sin las semillas
2 cucharaditas de aceite de oliva
3 cucharadas de ajo machacado
Sal y pimienta a gusto
Aerosol de cocinar

Trilogía de Pimientos

Preparación: 0–5 minutos
Cocción: 5–10 minutos

Rocía la parrilla de interior o la barbacoa con el aerosol de cocinar. Sazona los pimientos con sal y pimienta. Cubre con aceite y ajo. Cocina en la parrilla de interior durante 5 a 7 minutos hasta que estén blanditos y tengan las marcas de la parrilla.

<u>*4 porciones*</u>

2 libras de yuca pelada, cortada en trozos y hervida*
Sal y pimienta
Aceite para freír

Yuca Frita

Preparación: 0–5 minutos
Cocción: 0–5 minutos

Fríe la yuca en aceite bien caliente. Sazona con sal y pimienta

*La yuca la puedes comprar pelada y congelada en el supermercado. Si utilizas este tipo de yuca no la tienes que hervir. Si usas la yuca fresca, debes hervirla en agua hasta que esté tierna. Entonces la secas y la fríes.

4 porciones

4 tazas de zanahorias baby de paquete
1 barrita de mantequilla
1 ½ tazas de azúcar
¼ taza de agua
2 cucharaditas de canela
2 cucharadas de extracto de vainilla
1 taza de ron

Zanahorias Baby en Glaseado de Ron

Preparación: 0–5 minutos
Cocción: 10–15 minutos

En una sartén a fuego medio, hierve las zanahorias hasta que estén tiernas de unos 15 a 20 minutos. Agrega la mantequilla y déjalas dorar durante unos minutos. Baja el fuego e incorpora el azúcar, el agua, la canela y el extracto de vainilla. Deja que se forme una salsa un poco menos fuerte que el caramelo. Añade el ron y déjalo cocinar unos minutos hasta que se evapore el ron.

Si lo deseas puedes prenderlos en fuego para dar un pequeño espectáculo a tus invitados.

Sopas

capítulo 5

a s

Sopas

Asopao de Pollo 124

Cacerola Española de
Cerdo y Chorizo 126

Chili Vegetariano 127

Crema de Espárragos 128

Gazpacho 130

Pasta e Faioli 132

Sopa Cremosa de Broccoli
y Queso 133

Sopa Cremosa de Calabaza
y Tomillo 134

Sopa Cremosa de Papas 136

Sopa Cremosa de Plátano 137

Sopa Cremosa de Setas 138

Sopa Francesa de Cebolla 139

Sopa de Frijoles Negros
al Estilo Cubano 140

Sopa Rústica Italiana de Pollo 141

4 porciones

3 cucharadas de aceite de achiote o de oliva

¼ taza de sofrito

¼ taza de salsa de tomate

4 pechugas deshuesadas, cortadas en trocitos

4 caderas deshuesadas, cortadas en trocitos

1 ½ tazas de jamón de cocinar, cortado en trocitos

6-8 tazas de caldo de pollo*

1 taza de arroz grano corto o mediano

Asopao de Pollo

Un clásico de nuestra cocina puertorriqueña. En el campo dicen que levanta hasta un muerto. Perfecto para cualquier hora del día, sobre todo a media noche, como final a una fiesta de esas que se acaban a tempranas horas de la mañana.

Preparación: 10–15 minutos
Cocción: 40–45 minutos

En un caldero u olla, a fuego mediano, cocina el sofrito en el aceite (unos 2 minutos). Añade la salsa de tomate, el pollo y el jamón de cocinar, y sofríe de 8 a 10 minutos. Agrega el caldo de pollo y cocina otros 15 minutos. Aumenta el fuego, añade el arroz y déjalo hervir, removiendo de vez en cuando para evitar que se pegue y para que todos los ingredientes se cocinen a la vez. Baja el fuego a medio bajo y cocina otros 25 a 35 minutos, hasta que el arroz esté abierto y tierno.

* Para hacer un caldo de pollo rápido, puedes diluir cubitos de pollo en agua hirviendo. Sigue las instrucciones de la cajita. Ten mucho cuidado con la sal, pues suelen ser muy altos en sodio.

Asopao de camarones: Puedes sustituir el pollo y el caldo de pollo por caldo de camarones y pescado. En este caso es el mismo procedimiento, sólo que los camarones se añaden cinco minutos antes de acabar de cocinar el asopao.

Asopao de gandules: Sólo tienes que omitir el pollo y agregar los gandules 10 minutos antes de acabar de cocinar el asopao.

4 porciones

2 cucharadas de aceite de oliva

4 chuletas de cerdo deshuesadas y cortadas en trocitos

1 taza de chorizos cortados en tajadas

1 cebolla picadita

½ taza de vino blanco

4 tomates picaditos

3-4 hojas de laurel

½ taza de perejil picadito

1 ½ tazas de caldo de pollo

1 ½ tazas de habichuelas blancas enlatadas

1 ½ tazas de papas peladas y cortadas en trocitos

Sal y pimienta a gusto

Cacerola Española de Cerdo y Chorizo

Si eres de los que gustan de sabores fuertes y españoles, este cocido te va a encantar. Es mi versión del caldo gallego, pero con un toquecito muy personal.

Preparación: 5–10 minutos
Cocción: 30–35 minutos

En una olla dora las chuletas, las cebollas, los chorizos y el ajo. Cocina a fuego medio durante 5 minutos, hasta que las cebollas se doren. Agrega el resto de los ingredientes y cocina unos 30 a 35 minutos adicionales a fuego bajo, removiendo de vez en cuando.

6 porciones

1 cucharada de aceite de oliva
1 jalapeño picadito sin las semillas
2 cucharadas de ajo machacado
1 taza de cebolla picadita
1 ⅓ tazas de pimientos rojos picaditos
1 ⅓ tazas de pimientos amarillo picaditos
2 tazas de berenjenas cortadas en trocitos
1 taza de setas cortadas en trocitos
6 cucharaditas de polvo de chili
1 ½ cucharaditas de paprika
1 cucharadita de pimentón
⅓ taza de azúcar
3 cucharadas de vinagre
3 tazas de tomates enlatados
2 latas (15 oz) habichuelas negras (con todo y el agua)
2. latas (15 oz) habichuelas rojas (con todo y el agua)
1 lata (15 oz) de habichuelas blancas (con todo y el agua)
1 ½ tazas de maíz
Sal y pimienta a gusto

Chili Vegetariano

Una sopa que puedes usar tal cual es, o la puedes servir con nachos y un poco de queso para un aperitivo maravilloso.

Preparación: 5–10 minutos
Cocción: 30–35 minutos

En una olla, calienta el aceite de oliva y saltea el jalapeño, el ajo, las cebollas y los pimientos hasta que se doren (unos 5 a 8 minutos). Agrega el resto de los ingredientes y hierve. Tapa, baja el fuego y cocina de 20 a 25 minutos.

Chilli de Carne con Queso: Es la misma receta, con la diferencia de que no le añades la berenjena ni las setas. En su lugar le añades 1½ libras de carne molida de res y ½ de carne molida de cerdo. Finaliza con queso cheddar.

4 porciones

4 tazas de caldo de jamón (puedes usar los cubitos para hacerla)
2 libras de espárragos frescos*
1 cucharadita de ajo machacado
½ cebolla bien picadita
½ taza de crema de leche (heavy cream)
½ barrita de mantequilla
un pimiento rojo para decorar**
Sal y pimienta a gusto

Crema de Espárragos

Esta sopa se puede hacer con cualquier vegetal que te guste o incluso puedes combinar diferentes vegetales. La puedes hacer con espárragos frescos, de lata o congelados. Lógicamente, siempre lo fresco es mejor, pero muchas veces no se consiguen.

Preparación: 0–5 minutos
Cocción: 20–25 minutos

En una olla, hierve el agua con el cubito de jamón. Añádele los espárragos y el ajo. Hierve durante 15 a 20 minutos hasta que estén suaves. Introduce tu procesador de alimentos manual (*hand blender*) y procesa hasta que llegue a la consistencia que te guste. Agrega la crema de leche y la mantequilla, y sazona con sal y pimienta.

* Para limpiar los espárragos frescos: Corta cerca de 2 pulgadas del tallo para eliminar la corteza dura. De hecho, si lo aguantas con ambas manos el espárrago va a partir por el lugar correcto. Mucha gente usa también un pelador de papas para rallar parte de ese pedazo del espárrago.

** Para decorar: Con cortadores de galletitas o un cuchillo afilado, corta formas de los pimientos rojos. Puedes usar tu creatividad y hasta hacer las iniciales de tu ser querido.

4 porciones

Para el Gazpacho:

4 libras de tomates cortados en trocitos (sin semillas)
2 cucharadas de ajo machacado
⅛ taza de vinagre de vino tinto
½ cucharadita de azúcar
1 cucharadita de comino
2 tazas de salsa de tomate
1 taza de pimientos verdes bien picaditos, casi molidos
½ taza de aceite de oliva español
Sal y pimienta a gusto

Para decorar:

Pimientos, "crutones", pepinillos y crema de leche para decorar

Gazpacho

Un clásico de la cocina española, es muy bajo en calorías, pero está repleto de sabor. Tradicionalmente se come frío, pero si te gusta lo puedes servir calientito. Esta receta tiene mil variaciones, y cada cual le añade algo diferente. Así es que a mí me gusta, pero tú le puedes añadir tu toquecito personal para hacerla bien tuya.

Preparación: 5–10 minutos
Cocción: 5–10 minutos

En una olla, a fuego medio, coloca todos los ingredientes menos los de decorar. Cocina durante 8 a 10 minutos. Procesa, con un procesador de alimentos manual (*hand blender*). Continúa hasta que los tomates tengan una consistencia de salsa fina. De hecho, si te gusta más cremosa, puedes añadirle unas gotitas de crema de leche a la sopa. Decora con los pimientos, "crutones", pepinillos y la crema de leche.

Para hacer las estrellitas de crema de leche: Coloca gotitas de la crema de leche en la sopa. Con un palito o un cuchillo, hala del centro hacia fuera de la gotita. Repite cuantas veces quieras, siempre limpiando el palito cada vez que lo hagas. Esta misma técnica la puedes usar en otras sopas cremosas, bizcochos y galletitas.

4 porciones

1 ½ tazas de cebolla
¼ taza de aceite de oliva
3 tazas de tomates enlatados picaditos
1 cucharadita de pasta de tomate
1 cucharadita de orégano seco
1 cucharada de albahaca seca (mejor si es fresca)
1 cucharadita de perejil seco (mejor si es fresco)
1 libra de pasta seca*
6 tazas de agua
2 taza de habichuelas blancas italianas (cannelli)
Sal y pimienta a gusto

Pasta e Faioli

Una sopa típica Italiana, sencilla de preparar y siempre fabulosa.

Preparación: 0–5 minutos
Cocción: 25–30 minutos

En una olla, a fuego medio alto, saltea las cebollas en el aceite de oliva hasta que se cocine. Agrega los tomates, la pasta de tomate, el orégano, la albahaca y el perejil. Baja el fuego y cocina durante 20 minutos. Agrega el agua y hierve. Añade la pasta y cocina durante 10 minutos hasta que esté cocida. Añade las habichuelas y deja cocinar unos minutos más.

* Puedes usar cualquier pasta que te guste. Algunas alternativas son *penne*, *farfalle* y *rotinni*.

<u>4 porciones</u>

3 tazas de agua
3 cubitos de pollo
3 tazas de broccoli *
2 cucharadas de ajo machacado
½ taza de crema de leche** (heavy cream)
2 cucharaditas de mantequilla***
Sal y pimienta a gusto
Queso cheddar a gusto

Sopa Cremosa de Broccoli y Queso

Muy popular en los restaurantes familiares; es sencillísima y siempre rica.

Preparación: 5–10 minutos
Cocción: 20–25 minutos

En una olla, hierve el agua con los cubitos de pollo para hacer un caldo. Echa el *broccoli* y el ajo. Cocina durante 20 a 25 minutos hasta que el *broccoli* esté cocido. Remueve casi todo el caldo y reserva. Utiliza el procesador de alimentos manual (*hand blender*) y presiona hasta que no haya trozos grandes. Vierte la crema de leche y el caldo reservado. Agrega más o menos según te guste la consistencia. Finalmente sazona con sal y pimienta, y mezcla la mantequilla. Sirve y añade el queso cheddar.

* Puedes usar broccoli fresco o congelado.
** Para bajar calorías y grasas puedes usar leche baja en grasa. La consistencia va a ser un poco diferente, pero la idea es bien parecida.
*** Si estás cortando calorías y grasas, elimina la mantequilla.

4 porciones

3 libras de calabaza (pelada y cortada en trocitos)
8 tazas de agua
5-6 cubitos de caldo de jamón
1 taza de crema de leche (heavy cream)
2 cucharaditas de ajo machacado
3 cucharadas de tomillo
2 cucharadas de mantequilla
Sal y pimienta a gusto
Crema de leche (heavy cream) para decorar
Para decorar: hojitas de tomillo, piñones (pine nuts) o cualquier otra nuez que te guste

Sopa Cremosa de Calabaza y Tomillo

Esta es la receta favorita de mi mamá. En su casa, se prepara al menos una vez a la semana. De hecho, algo fantástico que tiene es que puedes hacerla y congelarla.

Preparación: 5–10 minutos
Cocción: 25–30 minutos

En una olla, hierve el agua con el cubito de jamón. Añádele la calabaza, el ajo y el tomillo. Hierve durante 15 a 20 minutos hasta que la calabaza esté cocida y suave. Introduce tu procesador de alimentos manual (*hand blender*) y procesa hasta que llegue a la textura que te guste. Agrega la crema de leche y la mantequilla, y sazona con sal y pimienta. Decora con las hojitas de tomillo y los piñones.

Sopa sencilla de calabaza:

Si quieres algo más sencillo, puedes omitir el tomillo, usar una cucharadita de ajo en lugar de dos y agregar dos cucharaditas de extracto de vainilla. Finaliza con queso suizo.

2 Porciones

3 tazas de agua

2 cubitos de jamón

2 latas de papas*

1 diente de ajo machacado o una cucharadita de ajo machacado de pote

1-2 tazas de leche descremada al 2 por ciento

Sal y pimienta a gusto

Para decorar: crema agria, proscuitto, cebolla violeta, queso, perejil y cheddar

Sopa Cremosa de Papas

Conocida como "Loaded baked potato soup", esta sopa la puedes hacer con cualquier vegetal que te guste o puedes hacer combinaciones de varios. Si te quieres poner mas "fancy" siempre le puedes añadir toppings como crema agria, otros vegetales que puedes freír, tocineta, proscuitto, cebollines, platanutres, mariscos… en fin, lo que tengas y le dé algo de color, sabor e interés a la sopa.

Preparación: 5–10 minutos
Cocción: 20–25 minutos

En una olla, hierve el agua con el cubito de jamón y añade las papas y el ajo. En 20 minutos las papas deben estar suaves y cocidas. Introduce tu procesador de alimentos manual (*hand blender*) en la olla con las papas cocidas y procesa hasta que no haya trozos grandes. Añade la leche, y sazona con sal y pimienta.

* Sí, las papas también vienen en latas y las encuentras en el área de los vegetales enlatados. También puedes usar 2 tazas de papas peladas y cortadas en trozos. En caso de que uses papas que no sean enlatadas, cocina durante 35 a 40 minutos hasta que estén suaves.

Variaciones de esta receta:
En vez de papas puedes usar yautía, plátano verde, calabaza, espárragos, malanga, cebolla, o cualquier otro vegetal o ingrediente que tengas en casa.

4 porciones

7 plátanos verdes pelados y cortados en trocitos
1 plátano maduro, pelado y cortado en trocitos
2 cucharaditas de aceite de oliva
2 cucharaditas de mantequilla
1 cucharadita de ajo machacado
8 tazas de caldo de pollo*
½ taza de recao picadito
½ taza de cilantrillo picadito
¼ taza de sofrito preparado
½ taza de crema de leche (heavy cream)
Sal y pimienta a gusto
Para decorar: platanutres

Sopa Cremosa de Plátano

Una sopa criolla, pero siguiendo las técnicas con las que se hace una sopa europea. La puedes preparar con plátano verde o amarillo. A mí me gusta combinar ambos plátanos y le agrego unos pedacitos de queso suizo y tocineta cocida al final. Es algo así como mi versión criolla del "loaded potato soup".

Preparación: 0–5 minutos
Cocción: 20–25 minutos

En una olla grande, a fuego medio alto, dora los plátanos en el aceite de oliva y mantequilla. Añade el resto de los ingredientes menos la crema de leche. Tapa y cocina hasta que se ablanden los plátanos, unos 20 a 25 minutos. Procesa con un procesador de alimentos manual (hand blender) y, finalmente, agrega la crema de leche y cocina unos minutos adicionales. Decora con los platanutres.

* Si no tienes caldo de pollo, puedes hacer uno rápido con 8 tazas de agua y 4 cubitos de pollo.

4 porciones

4 tazas de caldo de pollo (puedes usar los cubitos para hacerla)
6 tazas de setas frescas
1 cucharadita de ajo machacado
1 cebolla bien picadita
½ taza de crema de leche
3 cucharadas de mantequilla
Sal y pimienta a gusto
Para decorar: tiritas de pollo salteadas en aceite de oliva y polvo de ajo, tomates picaditos, cebollines, tajadas de setas

Sopa Cremosa de Setas

Para los fanáticos de las setas, esta receta es para ustedes. Parece de restaurante, pero realmente es una sencillez. Rica y muy elegante.

Preparación: 5–10 minutos
Cocción: 20–25 minutos

En una olla, agrega todos los ingredientes menos la crema de leche. Hierve durante 20 a 25 minutos hasta que estén suaves. Introduce tu procesador de alimentos manual (*hand blender*) y procesa hasta que llegue a la textura que te guste. Agrega la crema de leche, y sazona con sal y pimienta. Decora con las tiritas de pollo, los tomates picados, los cebollines y las tajadas de setas.

4 porciones

10 cebollas grandes cortadas en tajadas finitas
1 barrita de mantequilla
3 cucharaditas de ajo machacado
8 tazas de caldo de res
5-8 hojas de laurel
1 taza de vino blanco
Sal y pimienta a gusto

4 tajadas de pan francés o italiano cortado a 1 ½ pulgadas de espesor (tostadas)
4 lascas de queso suizo
cebollinos (chives) para decorar

Sopa Francesa de Cebolla

Una receta muy clásica. Divina para preparar cuando tienes invitados. Lo mejor es que la puedes preparar unos días y dejarla en la nevera o en el congelador.

Preparación: 5–10 minutos
Cocción: 30–35 minutos

En una olla a fuego medio alto, dora las cebollas con la mantequilla y el ajo. Cocina hasta que se doren unos 3 a 5 minutos. Agrega el caldo de res, las hojas de laurel y el vino blanco. Baja el fuego al mínimo, tapa y deja cocinar unos 30 a 35 minutos hasta que las cebollas estén totalmente cocidas. Sazona con sal y pimienta.

Precalienta el horno a 425 grados. Coloca la sopa en recipientes hondos que puedan colocarse en el horno. Pon una tajada de pan sobre la sopa y cubre con una lasca del queso suizo. Dora en el horno durante 3 a 5 minutos hasta que el queso se derrita y se dore. Saca del horno y decora con los cebollines.

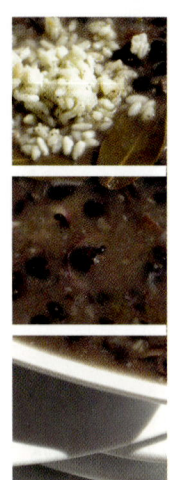

4 porciones

4 tazas de habichuelas negras de lata
1 ½ cucharadas de ajo machacado
1 cucharada de comino
¼ taza de jamón de cocinar picadito
1 cebolla picadita en tiritas
1 pimiento verde cortado en tiritas
1 taza de caldo de pollo
2 cucharaditas de azúcar
Para decorar: arroz grano largo cocido y cebollitas
Sal y pimienta a gusto

Sopa de Frijoles Negros al Estilo Cubano

Una sopa fácil y deliciosa. Muy popular en la isla hermana de Cuba. Es una de mis preferidas por aquello de mi mitad "cubiche".

Preparación: 0–5 minutos
Cocción: 20–25 minutos

En una olla a fuego medio, combina los primeros siete ingredientes. Deja cocinar tapado durante 20 a 25 minutos, removiendo de vez en cuando. Agrega el azúcar y cocínalo otros 2 minutos. Sirve con el arroz y las cebollitas.

4 porciones

2 cucharaditas de aceite de oliva
2 cucharaditas de mantequilla
1 cebolla picadita
1 taza de zanahoria picadita en trocitos
2 papas grandes, limpias (con la cáscara cortada en trocitos)
1 taza de celery picadito
8 tazas de caldo de pollo*
¼ taza de romero picadito
½ taza de albahaca fresca picadita
3 pechugas de pollo de 4 onzas (picadas en trocitos)
Sal y pimienta a gusto

Sopa Rústica Italiana de Pollo

Una sopa fuera de lo común. Fuerte, con mucho sabor y repleta de vitaminas y minerales. No es muy líquida, por lo que puedes servirla como plato principal.

Preparación: 5–10 minutos
Cocción: 25–30 minutos

En una olla, dora la cebolla en el aceite de oliva y la mantequilla. Agrega el resto de los ingredientes, hierve, tapa y baja a fuego medio. Remueve de vez en cuando. Cocina durante 30 a 35 minutos hasta que las papas estén tiernas.

* Si no tienes caldo de pollo, puedes hacer uno rápido con 8 tazas de agua y 4 cubitos de pollo.

Aperitivos

capítulo 6

tivos

Aperitivos

Bolitas de Queso 146	Papitas Rellenas (Loaded Potato Skins) 160
Brie en Croûte 148	Queso Balsámico 162
Bruschetta 149	Salsa Mexicana de Tomate o de Frutas 163
Dip de Espinacas 150	Sushi Tradicional y Latino 164
Empanadillitas de Espinaca 152	Tempura de Vegetales 165
Empanadillitas de Pollo 153	Tortilla Española 166
Hummus 154	Uvas Rellenas de Queso de Cabra 168
Mariquitas o Platanutres 156	
Napoleón Mar y Tierra 158	

24 bolitas aproximadamente

2 tazas de queso Edam* o Gouda rallado
1 taza de queso suizo rallado
2 cucharaditas de ajo machacado
½ cucharadita de cilantrillo bien picado**
6 claras de huevo batidas a punto de merengue
3 cucharaditas de harina de bizcocho***
Galleta molida para empanar
Sal y pimienta a gusto
Aceite de canola**** o manteca para freír

Bolitas de Queso

Esta es una de esas recetas que es favorita no importa cuántas veces la preparamos. Puedes preparar las bolitas y congelarlas varios días antes de usarlas. Lo importante es que las sirvas tan pronto las frías.

Preparación: 10–15 minutos + el tiempo en el congelador; una media hora aproximada.
Cocción: 0–5 minutos

En un recipiente combina los quesos, el ajo y el cilantrillo. Agrega las claras y deja reposar en el congelador unos 30 minutos hasta que adquiera consistencia. Usa una cuchara para darles forma y haz bolitas. Pásalas por la galleta molida y fríe en el aceite durante 1 a 2 minutos hasta que se doren. Saca y escurre en un plato con papel toalla. Sirve con salsa *mayoketchup******.

* También se conoce como queso de bola. Si lo compras entero, viene con una corteza roja que tienes que descartar.

** El cilantrillo es opcional. Si las quieres hacer tradicionales, omite el cilantrillo. Si quieres hacerlas más *gourmet* le puedes agregar un poquito de albahaca, romero o cualquier hierba que te guste.

*** Si no la consigues, puedes sustituirla por 3 cucharaditas de harina todo propósito y 1 cucharadita de polvo de hornear *(baking powder)*.

**** El aceite de canola no tiene sabor, por lo que a mí me gusta para freír. También puedes usar manteca, aceite de maíz o aceite de oliva.

***** Es una salsa a base de mayonesa y salsa de tomate dulce. Puedes buscar la receta en la página 54 de este libro.

Un brie

1 lasca de hojaldre*

1 queso brie entero**

¼ taza de mermelada de albaricoque enlatada + ⅛ taza para decorar***

1 huevo batido

Galletitas para acompañar

Almendras en tajadas para decorar

Brie en Croûte

Este es uno de mis aperitivos favoritos. Es muy elegante y clásico. Lo puedes servir con galletitas, chicharrones o tostaditas. Si quieres hacer algo criollo, puedes sustituir el queso brie por queso del País.

Preparación: 10–15 minutos
Cocción: 15–20 minutos

Precalienta el horno a 350 grados. Corta dos círculos del hojaldre una pulgada más anchos que el *brie*. Coloca el *brie* en el centro de uno de los círculos. Agrega el ¼ de mermelada y coloca el otro circulo de hojaldre para cubrirlo. Sella utilizando el huevo como pega. Unta el huevo sobre todo el paquetito y hornea durante 15 a 20 minutos hasta que se dore. Una vez salga del horno, deja reposar unos minutos. Cubre con el restante de la mermelada y decora con las almendras. Sirve con las galletitas.

* El hojaldre lo consigues en supermercados y tiendas de repostería. Para usarlo tiene que estar descongelado.

** El *brie* viene de varios tamaños. En la receta puedes usar cualquiera; la diferencia va a ser la cantidad de hojaldre que uses.

*** Puedes usar cualquier sabor de mermelada o jalea que te guste.

10-12 unidades

3 tazas de tomates enlatados pelados y cortados*
¼ taza de aceite de oliva
1 cebolla picadita
3 cucharadas de ajo machacado
¼ taza de perejil fresco picadito
½ taza de albahaca fresca cortada en tiritas
Sal y pimienta a gusto
Pan italiano o tostaditas para acompañar

Bruschetta

Tradicional de Italia, es un aperitivo muy sencillo y riquísimo que se prepara en cuestión de segundos. Puedes servir los tomates en un recipiente con las tostaditas o puedes servirlo ya preparado.

Preparación: 0–5 minutos
Cocción: 0 minutos

En un recipiente combina todos los ingredientes, menos el pan o las tostaditas. Sirve sobre el pan o las tostaditas

* Si tienes tiempo, puedes usar tomates frescos y cortarlos en trocitos. Mis favoritos para esta receta son los *plum tomatoes* ya que son más dulzones. Los consigues en muchos supermercados.

2 tazas aproximadamente

1 cebolla lila picadita
2 cucharadas de ajo machacado
1 cucharada de aceite de oliva
4 tazas de espinacas congeladas
1 paquete de queso crema
½ taza de crema de leche
1 ½ tazas de queso mozzarella rallado
1 ½ tazas de queso suizo rallado
Sal y pimienta a gusto
Galletitas, chips mexicanos o chicharrones para servir

Dip de Espinacas

Este es uno de esos aperitivos que todo el mundo que conozco quiere hacer. Ahora ya no tienes que ir a un restaurante a comerlo. Lo puedes servir con galletitas, chips mexicanos o con chicharrones; mis favoritos... ¡La combinación es maravillosa!

Preparación: 5–10 minutos
Cocción: 5–10 minutos

Precalienta el horno a 425 grados. Remueve el agua de la espinaca, colocándola en papel toalla y exprimiéndola. En una sartén a fuego medio alto, saltea las cebollas con el ajo en el aceite de oliva. Agrega el resto de los ingredientes; menos 1 taza de queso mozarella. Transfiere a un molde de horno enmantequillado. Cubre el dip con el queso mozzarella reservado y hornea durante 6 a 8 minutos, hasta que el queso se derrita.

20 aproximadamente

¼ taza de pasas
1 ½ cucharaditas de aceite de oliva
1 libra de espinaca fresca*
⅓ taza de piñones**
2 cucharadas de ajo machacado
1 huevo batido
2 hojas de hojaldre***
Sal y pimienta a gusto

Empanadillitas de Espinaca

Una alternativa a las empanadillitas tradicionales. Las puedes preparar con cualquier vegetal o carne que te guste. Estas empanadillitas pueden congelarse y luego hornearlas cuando las necesites.

Preparación: 10–15 minutos
Cocción: 0–5 minutos

Precalienta el horno a 350 grados. Coloca las pasas en agua tibia durante 8 a 10 minutos para ablandarlas. Remueve del agua y pícalas muy pequeñitas. Limpia la espinaca, remueve los tallos, saltea con aceite de oliva y un toquecito de ajo. Remueve el líquido y pícala finita. Agrega los piñones y el restante del ajo. Combina para hacer el relleno y sazona con sal y pimienta. Con un cortador redondo corta 20 círculos del hojaldre. Pon de una a dos cucharaditas del relleno en la mitad de los círculos y pinta con el huevo. Cierra presionando los bordes con un tenedor y hornea durante 15 a 20 minutos hasta que se doren.

* Si no quieres pasar trabajo, sencillamente compra la espinaca congelada, descongélala y escúrrela usando papel toalla o una toallita.
** Los piñones son unas nueces pequeñitas que se conocen en inglés como *pine nuts*. Las compras en el área de las especias en el supermercado o en tiendas de productos *gourmet*. Si no las consigues, puedes usar cualquier otro tipo de nuez, como avellanas o almendras. La idea es lo crujiente y el sabor ese tan rico que imparten.
*** En caso de que no consigas el hojaldre, puedes usar las plantillas que vienen listas para hacer empanadillitas.

20 empanadillitas

20 plantillas de empanadillitas pequeñas
1 ½ tazas de tomates enlatados cortados
¼ taza de recao picadito
¼ taza de cilantrillo picadito
¼ taza de sofrito
3 cucharadas de pasta de tomate
3 tazas de pollo desmenuzado*
2 cucharaditas de aceite de oliva
2 cucharaditas de ajo machacado
Sal y pimienta a gusto
Aceite o manteca para freír

Empanadillitas de Pollo

Parecidas a las de espinacas, pero más criollas. Puedes servirlas en conjunto para tener una bandejita divertida y siempre bienvenida.

Preparación: 10–15 minutos
Cocción: 0–5 minutos

Para hacer el relleno:
En una olla a fuego medio, cocina todos los ingredientes menos las plantillas durante 10 a 12 minutos.

Para hacer las empanadillitas:
Coloca un poquito del pollo guisado en el centro de las plantillas y ciérralas. Con un tenedor, presiona para unir los bordes. Fríe en aceite caliente por unos 3 a 4 minutos hasta que se doren.

* Puedes usar pollo fresco, hervirlo y desmenuzarlo, o puedes usar pollo de lata removiéndole el líquido en que vienen.

3 tazas aproximadamente

2 tazas de garbanzos* sin el líquido en que vienen
½ taza de tahini**
3 dientes de ajo machacado
1 cucharadita de jugo de limón
½ taza de aceite de oliva
Sal y paprika a gusto***
aceitunas para decorar
Chicharrones o pan pita cortado en triángulos para servir

Hummus

Este es uno de mis dips preferidos y más fáciles de preparar. Es oriundo del Medio Oriente y tradicionalmente se sirve con pan pita. Para darle un toque criollo, a mí me gusta servirlo con chicharrones.

Preparación: 5–10 minutos
Cocción: 0 minutos

En un procesador de alimentos coloca los garbanzos. Añade el resto de los ingredientes, menos el aceite de oliva, los chicharrones y el pan pita. Una vez esté todo procesado, añade poco a poco el aceite de oliva. Decora con más aceite de oliva, paprika y aceitunas. Sirve con los triángulos de pan pita.

* Si quieres un Hummus más o menos espeso, puedes añadirle un poquito del líquido en el que vienen los garbanzos.

** El tahini es una pasta de ajonjolí que se consigue en algunos supermercados y en tiendas que venden productos *gourmet*.

*** Paprika es una especia que puede ser muy suave o muy picante. Es de color rojo intenso y tiene un sabor muy particular.

154

2 tazas aproximadamente según el tamaño de los plátanos

1-2 plátanos verdes pelados*
Aceite de maíz para freír o manteca
Sal regular o sal de ajo a gusto

Mariquitas o Platanutres

En Puerto Rico se les conoce como platanutres, en Cuba como mariquitas. Prácticamente son lo mismo: tajaditas finitas de plátanos fritas. La diferencia es que las mariquitas son largas (usualmente del largo del plátano) y los platanutres son del ancho del plátano. Te las puedes comer como aperitivo o las puedes usar para decorar tus recetas favoritas.

Preparación: 5–10 minutos
Cocción: 0– 5 minutos

Corta tiritas del plátano a lo ancho o largo usando un guallo o una mandolina. Fríe en una sartén o freidora en aceite bien caliente. Sazona con sal tan pronto las saques del aceite.

* Para pelar los plátanos:

Con un cuchillo haz de 3 a 4 cortes a lo largo del plátano. Con una cuchara grande, entra en los cortes y pela bajo agua. Para hacer las tiras de plátano puedes usar un guayo, un pelador de papas o una mandolina, un utensilio utilizado por chefs de todo el mundo, pero no el más fácil de usar ni el más económico. Para mí lo más fácil es un pelador de papas.

4 porciones

Para prepararlo necesitas hacer las recetas de:
Chorizos al Vino
Cebollas Lila con Recao
Calamares Fritos

Napoleón Mar y Tierra

Visualmente, este es uno de los platos más espectaculares. Llevo años preparándolo y cada vez que lo hago la gente se sorprende. Es una de esas recetas que te preparan en restaurantes y te preguntas cómo la hacen.

Preparación: 10–15 minutos
Cocción: 0–5 minutos

Chorizos al Vino:
2 tazas de chorizos cortados en ruedittas de 1 centímetro de grosor
¼ taza de ajo machacado
⅛ taza de aceite de oliva español
2 cucharaditas de mantequilla
2 tazas de vino tinto fuerte, como un Cabernet Sauvignon o un Rioja
Sal y pimienta a gusto

En una olla sofríe a fuego medio alto los chorizos con el ajo machacado y un poquito del aceite de oliva, hasta que se doren los chorizos.
Añade el resto de los ingredientes y cocina durante 10 minutos hasta que se reduzca el vino y se espese.

Preparación: 0–5 minutos
Cocción: 5–10 minutos

Cebollas Lila con Recao:
2 cebollas grandes, cortadas en tajadas
4 cucharaditas de aceite de oliva
2 cucharadas de ajo machacado
2 cucharaditas de agua
¼ taza de recao, bien picadito
Sal y pimienta a gusto

En una sartén a fuego medio, dora las cebollas y el ajo machacado en el aceite de oliva. Agrega el resto de los ingredientes y deja cocinar unos 5 a 7 minutos, hasta que las cebollas estén tiernas.

Preparación: 5–10 minutos
Cocción: 10–15 minutos

Calamares Fritos:
4 tazas de calamares cortados en rodajas*
1 taza de leche
½ taza de harina para todo uso
Sal, ajo en polvo, pimienta y otras hierbas secas
Aceite para freír

Con un batidor de mano, mezcla la leche con la harina, la sal, el ajo en polvo, la pimienta y las hierbas. Coloca los calamares en la mezcla. Fríe en aceite caliente.

* Los puedes adquirir en rodajas o comprarlos enteros y cortarlos.

12 unidades

3 papas (que tengan buena forma, en lo posible)
4 onzas de queso crema
¼ taza de queso de papa (cheddar) rallado
¼ taza de cebollines picaditos
Sal y pimienta a gusto

Papitas Rellenas (Loaded Potato Skins)

Esta receta va a encantar a los amantes de las papas. Es un aperitivo que puede prepararse de mil formas diferentes. Puedes hacer ésta que te presento o utilizar carnes, mariscos, tocineta, otros vegetales y otros quesos. Atrévete a experimentar con tus ingredientes favoritos. ¡Dale rienda suelta a la imaginación!

Preparación: 15–20 minutos
Cocción: 25–30 minutos

Precalienta el horno a 400 grados. Limpia bien las papas y, en una olla, hiérvelas durante 20 minutos o hasta que estén suaves y se puedan picar. Remueve el agua y deja enfriar. Pícalas en cuatro pedazos o en dos si la papa no es muy grande. Remueve la parte interior de la papa, sin llegar a la cáscara. Combina el relleno de la papa con el queso crema, los cebollines, la sal y la pimienta. Coloca las papas en una bandeja de hornear (*cookie sheet*) enmantequillada y rellena cada papa con la mezcla. Hornea durante 10 minutos hasta que se tueste un poquito la cáscara. Agrega el queso y sirve.

4 tazas aproximadamente

4 tazas de queso suizo rallado (viene en bolsitas)*
½ taza de cilantrillo o recao picadito
½ taza de cebolla picadita
½ taza de pimientos morrones picaditos
¼ taza de vinagre balsámico
½ taza aceite de oliva
Sal y pimienta a gusto

Queso Balsámico

Este aperitivo es divino, si quieres algo diferente. Es una especie de queso marinado. Cada vez que lo preparo a todo el mundo le gusta. ¡Es super sencillo y riquísimo!

Preparación: 0–5 minutos
Cocción: 0 minutos

Mezcla todos los ingredientes en un recipiente y deja de un día para otro en la nevera. Sirve con galletitas.

* Puedes prepararlo con tu queso favorito. Lo importante es que sea un queso que tenga consistencia. Algunas ideas son feta, mozarella, gouda, manchego o havarti.

4 tazas aproximadamente

2 tazas de tomates cortados en trocitos*
1 taza de cebolla lila picadita
1 taza de pimientos morrones verdes**
1 taza de cilantrillo picadito
1 cucharada de jugo de limón fresco
1 cucharada de aceite de oliva
Pique puertorriqueño y sal de ajo a gusto

Salsa Mexicana de Tomate o de Frutas

Esta es la receta favorita de muchas de mis amigas (y de sus mamás). Una salsa mexicana muy rica y perfecta para servir con chips mexicanos. Esta misma receta la puedes preparar sustituyendo los tomates por mango, papaya o piña.

Preparación: 5–10 minutos
Cocción: 0 minutos

Combina todos los ingredientes y deja reposar en la nevera unas horas; mejor si es de un día para otro. Si te gusta el pique mexicano, puedes añadirle un jalapeño picadito.

*También puedes usar tomates enlatados.

**En inglés se conocen como *bell peppers*.

4 porciones

Para preparar el Sushi Tradicional:

5 hojas de nori*

2 tazas de arroz de sushi preparado

8 onzas (un pedazo) de salmón fresco, cortado en tiritas finitas

½ aguacate pelado y cortado en tiritas finitas

4 onzas de ½ paquete queso crema cortado en tiritas finitas

Para preparar el arroz de sushi:

5 tazas de arroz grano corto de sushi

6 tazas de agua

½ taza de vinagre de arroz**

2 cucharaditas de azúcar

Sal a gusto

Para servir:

Wasabi **

Salsa de Soya**

Pickled ginger**

Sushi Tradicional y Latino

Preparación: *5–10 minutos*
Cocción: *20–20 minutos
(el arroz)*

Para preparar el arroz de sushi:
En una olla a fuego alto, coloca el agua y el arroz. Hierve, tapa y baja el fuego a bajo. Cocina durante 20 a 25 minutos hasta que el arroz esté tierno y algo "amogollado". En un recipiente, combina el vinagre de arroz, el azúcar y sal. Agrega esta mezcla al arroz y listo. Asegúrate de que el arroz quede totalmente cubierto por la mezcla.

Para preparar el sushi tradicional:
Necesitas un mat de bambú**, que vas a cubrir con papel transparente (*Saran Wrap*). Coloca una hoja de nori y con tus manos cubre la hoja con el arroz preparado. Debe ser una capita de 1/8 de pulgada de espesor. Para que se te haga más fácil, moja tus manos con agua. Coloca las tiritas de aguacate, el queso crema y finalmente el salmón. Enrolla utilizando el mat como ayuda y presiona para que quede compacto. Corta en rodajas utilizando un cuchillo bien afilado. Sirve con el *wasabi*, la salsa de soya y el *pickled ginger*.

Para preparar el sushi latino:
Simplemente sustituye el nori por plantillas de hacer burritos de espinaca. Corta las esquinas para que sean cuadradas. Puedes usar el arroz de sushi o preparar arroz guisado. Cubre con bistec, amarillos, pollo o cualquier otro ingrediente criollo que no tenga salsa y que puedas cortar en tiritas. El resto del procedimiento es igual al del sushi tradicional.

* Nori son hojas de alga que vienen en paquetes. Las puedes usar enteras o cortarlas a la mitad para hacer rollitos más finos.

** Los consigues en colmaditos orientales y en muchos supermercados.

4 porciones

2 tazas de vegetales mixtos pelados y cortados en tajadas
1 huevo batido
½ taza de agua bien fría
1 taza de harina todo propósito cernida
Sal y pimienta a gusto
Aceite para freír
Salsa tailandesa

Tempura de Vegetales

Esta es una forma bastante tradicional para preparar vegetales y mariscos en toda Asia. Lo puedes servir sólo o con una salsa como la tailandesa. Incluso puedes usar salsa teriyaki. También puedes hacer lo mismo con mariscos y pollo.

Preparación: 5–10 minutos
Cocción: 0–5 minutos

Sazona los vegetales con sal y pimienta. En un recipiente, haz la mezcla de *tempura* combinando el huevo con el agua y la harina, hasta que sea una mezcla suave sin grumos. Agrega los vegetales de manera que queden cubiertos por la mezcla. Fríe en una freidora, *wok* o sartén honda en aceite bien caliente a 350 grados durante unos minutos hasta que los vegetales se doren.

Sirve con salsa tailandesa.

Salsa Oriental (Salsa Tailandesa)

½ taza aproximadamente

1 cucharada de salsa hoisin
½ taza de salsa de soya baja en sodio
1 cucharadita de jengibre
1 cucharadita de azúcar

En un recipiente, combina todos los ingredientes.

*1 tortilla para 6
personas como plato principal
o 24 unidades de
aperitivo aproximadamente*

6 papas grandes peladas y cortadas en cubitos
4 cucharadas de aceite de oliva
2 cebollas en lascas
10 huevos*
Sal, pimienta y ajo machacado a gusto

Tortilla Española

Nada más tradicional que esta receta. La puedes preparar como almuerzo o aperitivo. Lo mejor es que la puedes hacer desde el día antes de tu actividad. De igual forma, puedes añadirle otros ingredientes como chorizo y jamón.

Preparación: 10–15 minutos
Cocción: 20–25 minutos

Hierve las papas en agua durante 10 minutos. Dora en el aceite de oliva con las cebollas y el ajo. En un recipiente aparte, bate los huevos y sazona con sal y pimienta. Agrega las papas y las cebollas. Coloca en una sartén con teflón cubierta con aerosol de cocinar. Cocínalo tapado durante 20 a 25 minutos a fuego medio bajo hasta que el huevo esté cocido. Pasa un cuchillo por el borde y desmolda. Decora con recao.

* Según el tamaño de los huevos y del molde puede que necesites más huevos. La idea es que el resto de los ingredientes floten en el huevo de manera cómoda.

30 unidades aproximadamente – Según cuantas uvas tengas en las 2 tazas

2 tazas de uvas grandes
½ paquete (4 onzas) de queso crema
¼ taza queso de cabra o azul (Blue cheese)
½ taza de chicharrones picaditos
Ajo a gusto
Cilantrillo o cebollinos para decorar

Uvas Rellenas de Queso de Cabra

Una receta perfecta para preparar si quieres algo muy elegante y a la vez sencillo.

Preparación: 10–15 minutos
Cocción: 0 minutos

Corta una tajada de la base de las uvas para que se puedan mantener estables. Corta otra tajada de la parte de arriba de las uvas y con un cortador de melón pequeñito (o la parte de atrás de una cucharita de plástico o cualquier instrumento que puedas usar para remover), remueve parte del interior de las uvas.

En un recipiente aparte combina el queso crema con el queso de cabra o el azul, y el ajo. Echa la mezcla en el interior de las uvas. Coloca un pedacito de los chicharrones en cada uva y decora con un pedacito de cilantrillo o cebollinos (*chives*).

Cositas

Cositas extra
capítulo 7

Cositas extra

Distribuidores de productos especializados de comida:

Caribbean Produce (787) 793-0750
Vegetales, frutas y productos de comida

El Almacén del Vino (787) 783-7060
Vinos, licores y productos especializados de comida

Pabellón Limoge (787) 754-9393
Platos, vajillas, esculturas y joyería

Sea World (787) 782-9820
Mariscos y pescados

Agradecimientos personales

El convertirme en chef no fue algo sencillamente mío.

Gracias a un grupo de personas que quiero mucho, es que hoy este libro existe. A todos ustedes GRACIAS. Por ayudar de tantas formas. Por darme ese empujón que tantas veces me hizo falta para seguir adelante. Gracias por creer en mí y por darme tanto tiempo que yo sé que ninguno de ustedes tiene. Gracias por quererme cada cual a su forma.

Papá Diosito: Gracias por siempre oírme. Por poner tantos ingredientes fabulosos para que yo haga locuras con ellos. Gracias por bendecirme tanto todo el tiempo. Espero que otros —al igual que yo— te descubran y sean parte de tu fabulosa Iglesia. Y a ti Virgencita por siempre hacer milagritos cuando más los necesito.

Mamá: Gracias por corregir el libro. Yo sé que no fue muy fácil, pero al menos espero que hayas cogido ideas de las recetas, y que algún día te emociones y prepares al menos una que otra. Gracias por llevarme a Johnson and Wales aquel día y ayudarme a escoger las clases de cocina. ¿Quién iba a decir, que 12 años más tarde estaría haciendo esto? ¡Hasta un libro de cocina!

Papi: De alguna forma mágica te siento siempre muy cerca de mí. Gracias por cuidarme tanto y ser mi ángel guardián donde quiera que estés.

Reinaldo, mi papá: Gracias por tu apoyo y por haber dicho algo que cambió mi vida: "Tienes que hacer lo que te llene y no huirle a la cocina" – ¿Te acuerdas? ¡Yo sí! Te hice caso: ¿viste?

Lorikay: Querida hermanita, gracias por tratar de entenderme. Yo sé que no soy fácil, pero tú sabes que te quiero con todo mi corazón. Tu ayuda, de una u otra forma, está reflejada en cada página de este libro.

Ele: Mi adorada tía. ¡Porque eres una mujer maravillosa y espectacular! Gracias por tus consejos tan acertados siempre.

Tía Bella: Mi inspiración. Saber que fuiste la pionera en esto me hace querer hacerlo mejor cada día.

Melissa, Isa, Anette, Lilimar y Erin: Mis queridísimas amigas. Gracias por siempre darme los ánimos para seguir adelante. Por oírme y estar ahí, cada una a su manera. La amistad de cada una de ustedes significa para mí mucho más de lo que pueden imaginarse.

Norma Llop: Por ser una mujer tan visionaria y talentosa. Amigas y chefs como tú hay muy pocas.

Sylvette, Rey y Guillermo: Mis hermanos; gracias por ser ustedes. Por ser, aunque realmente no son, y por hacerme parte de ustedes.

Bechamel Marie: Mi angelita peluda. Mi "hija" de 4 patitas. Sin ti mi vida sería muy aburrida. Gracias por acompañarme durante las larguísimas horas de escribir el libro. ¡Te adoro!

Tu Mañana (Univisión), En Todas (TuTV), Periódico El Nuevo Día, Revistas Buena Vida, Caras y Vea: Gracias a todos los que trabajan y colaboran día a día para hacer un trabajo tan maravilloso. Gracias por siempre darme tanto apoyo. Ser parte de su equipo fue un honor y un placer. A todos —son muchos— se les agradece en el alma todo el esfuerzo que le ponen a lo que hacen y lo mucho que siempre me dan la mano.

Lista de compras básica en una cocina

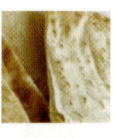

Cada familia es diferente, pues cada cual tiene sus preferencias personales. Esta lista es sólo una guía por la que puedes dejarte llevar para que hagas tu propia lista. Estos ingredientes son los que trato de siempre tener en casa, por aquello de tener varias opciones a la hora de prepararme comida. Asimismo, las cantidades son a tu discreción. Para esto evalúa cada cuánto tiempo vas al supermercado y considerando el número de personas para las que cocinas diariamente. De igual forma, debes considerar el espacio con el que cuentas tanto en la nevera y en el congelador, como en la alacena. A esta tabla le puedes sacar copia e ir con ella al supermercado.

- Aceite de oliva
- Aerosol de cocinar (puede ser sin sabor, con sabor a mantequilla o de aceite de oliva)
- Albahaca fresca
- Arroz (grano mediano o largo— tu preferido)
- Atún enlatado
- Azúcar (puede ser regular o baja en calorías)
- Bolsas de basura
- Café molido
- Camarones congelados
- Canela en polvo
- Carne molida (de res, pavo, cerdo o ternera)
- Cebollas
- Cereal
- Chocolate en trocitos *semisweet* (semidulce)
- Chorizo
- Cilantrillo
- Cubitos de jamón
- Cubitos de pollo
- Especies secas— un set
- Filete de pescado
- Frutas frescas
- Habichuelas enlatadas
- Harina todo propósito
- Helado
- Huevos
- Jamón en lascas
- Leche
- Lechuga
- Líquido de fregar
- Mantequilla
- Mayonesa
- Pan
- Papel celofán
- Papel de aluminio
- Papel toalla
- Pasta seca—varios tipos linguine/fettcine/lasaña
- Pechugas de pollo
- Perejil fresco
- Pescado congelado
- Pimienta
- Plátanos amarillos
- Plátanos verdes
- Pollo desmenuzado y enlatado
- Queso crema
- Queso mozzarella
- Queso parmesano rallado
- Recaito preparado
- Recao
- Sal
- Servilletas de papel
- Sofrito preparado
- Sopas enlatadas
- Tomates enlatados
- Tomates frescos
- Vegetales (congelados o frescos)
- Vinagre (balsámico, de vino o tu favorito)

Equipo que necesitas en una cocina

Para que la vida se te haga fácil, necesitas tener los utensilios correctos. Compra los de mejor calidad y que tu presupuesto permita. Como todo, siempre es bueno tener de más, por lo que la siguiente tabla es una guía donde según tu presupuesto, espacio y dedicación a la cocina puedes ir adquiriendo tus cositas.

Para tu conveniencia, he dividido el equipo en tres partes:
La 1 es de aquellos equipos que necesitarás de todas maneras; lo más básico.
La 2 es de equipos que puedes añadirle a la lista 1 si te gusta la cocina y quieres hacerlo con más comodidad.
La 3 es de aquellos equipos que si los puedes tener los tienes y si no, no. Estos no son necesarios; sólo te facilitan la vida un poco más, aunque prácticamente puedes hacerlo todo con los equipos de las partes 1 y 2.

Estos equipos los consigues en tiendas por departamentos, y tiendas especializadas de cocina y repostería.

Parte 1

Cuchillos: Mi utensilio de cocina favorito... Nada como un juego de cuchillos nuevos, perfectamente afilados. Para mí, lo primordial es tener un buen cuchillo básico grande, conocido como un Chef Knife. En lo personal, los prefiero de al menos diez pulgadas de largo.

Como utensilios básicos:
- Cuchillo Chef
- Cuchillo de Pan, el cual tiene un filo de sierrita que sirve para cortar cortezas suaves como las del pan, los tomates y otros vegetales.
- Tablita de picar plástica, de madera o desechable. Mis favoritas son las desechables, ya que las usas una sola vez y no tienes que preocuparte por desinfectarlas.
- Guayo / rallador
- Colador
- Cucharas de madera: Debes tener al menos tres o cuatro.
- Cuchara sopera
- Tenazas de cocina
- Procesador de alimentos manual (*hand blender*)
- Procesador de alimentos pequeño (*food processor*)

- Sartenes y ollas: Necesitas un juego que tenga al menos dos sartenes.
  uno grande de 12"
  uno mediano de 9"
- Ollas: Necesitas:
  una grande
  una mediana
- Parrilla o barbacoa de interior
- Horno tostadora
- Brochas: Al menos debes tener una para aplicar salsas.
- Bandeja de horno (*cookie sheet*)
- Moldes para hornear
- Abridor de botellas
- Abridor de latas
- Cafetera
- Nevera
- Estufa con horno

Parte 2

- Taza de medir
- Cucharas de medir
- Espátula
- Pelador de papas
- Tijeras de cocina
- Majador / prensa de papas
- Horno microondas
- Tenedor de pasta
- Espátula de goma
- Batidor manual (*whisk*)
- Batidora eléctrica
- Batidora movible
- Licuadora
- Caldero
- Rodillo
- Papel pergamino (*parchment paper*)

Parte 3

- Termómetro de cocinar
- Recipientes / tazones (*bowls*) para mezclar
- Cuchillo para filetear (*boning knife*)
- Mandolina
- Máquina para moler queso / molinillo de queso (*cheese grater*)
- *Lemon zetser*
- Cortadores de vegetales o galletitas
- Cortadores de melón (*mellon ballers*)
- Pimentero
- Pounder
- Horno de convección
- Espátula de pescado
- Tenedor de carnes
- Batidora estática
- Procesador de alimentos grande
- Paellera
- *Wok*
- Freidora (*deep fryer*)
- *Steemer*
- *Fondue*
- Molde de hornear
- Roasting pan
- Mat de silicona (*sikpat liner*)
- *Springform pan*
- Molde de *muffins*
- Cortadores de galletitas
- Manga de repostería
- Puntas de repostería
- *Ice cream baller*
- Embudo

Chef Maira Isabel

- Colaboradora Gastronómica y "Celebrity Chef"
    - Revista Buena Vida
    - Cooking Light
    - Periódico El Nuevo Día
    - Univisión Puerto Rico
    - Revista Caras
    - WIPR Canal 6
    - Revista Vea

- Food stylist
- Desarrolladora de recetas
- Desarrolladora de productos de consumo
- Conferenciante
- Desarrollo de menús para restaurantes
- Consultora de mercadeo - especializada en productos de alimentos y bebidas
- Profesora de artes culinarias

FORMACIÓN ACADÉMICA

- M.B.A. Marketing, University of Phoenix, Puerto Rico – 2003
- B.A. Business Administration, Trinity College, Washington DC – 1996
- A.S. Food and Beverage Management, Johnson and Wales University, Providence, Rhode Island – 1995 (la universidad más prestigiosa del mundo, especializada en artes culinarias)
- Educación continua, Culinary Institute of America, Hyde Park, NY y Graystone Park, CA

Maira Isabel, es invitada frecuentemente a formar parte como jurado en competencias de comida y a participar como conferenciante en eventos y foros culinarios. Diversas publicaciones han escrito artículos reseñando los éxitos que ha cosechado a través de su carrera.

Contáctame

Si tienes algún comentario, duda o sencillamente quieres contactarme, puedes escribir a mi correo electrónico:

info@chefmairaisabel.com
www.chefmairaisabel.com

Para contrataciones:
(939) 642-4411